מדרש פטירת משה

MIDRASH
DE LA MUERTE DE MOISÉS

מדרש פטירת משה

MIDRASH
DE LA MUERTE DE MOISÉS

EDICIONES OBELISCO

Si este libro le ha interesado y desea que le mantengamos informado de nuestras publicaciones, escríbanos indicándonos qué temas son de su interés (Astrología, Autoayuda, Psicología, Judaísmo, Medicinas alternativas, Espiritualidad, Tradición…) y gustosamente le complaceremos.

Puede consultar nuestro catálogo en www.edicionesobelisco.com

Colección Càbala y judaísmo
PETIRAT MOSHÉ
MIDRASH DE LA MUERTE DE MOISÉS

1.ª edición: febrero de 2024

Título original: מדרש פטירת משה

Traducción: *Aharón Schlezinger*
Maquetación: *Isabel Also*

© 2024, Ediciones Obelisco, S. L.
(Reservados los derechos para la presente edición)

Edita: Ediciones Obelisco, S. L.
Collita, 23-25. Pol. Ind. Molí de la Bastida
08191 Rubí - Barcelona - España
Tel. 93 309 85 25
E-mail: info@edicionesobelisco.com

ISBN: 978-84-1172-124-0
DL B 2451-2024

Impreso en los talleres gráficos de Romanyà/Valls S. A.
Verdaguer, 1 - 08786 Capellades - Barcelona

Printed in Spain

PRESENTACIÓN

El *Midrash de la muerte de Moisés,* nuestro maestro, que hoy presentamos en traducción directa del hebreo del rabino Aharón Schlezinger, es un pequeño texto poco conocido perteneciente a la literatura midráshica, una de esas joyas que han pasado desapercibidas al gran público, y que sólo conocen y aprecian algunos especialistas. Este texto, que data del siglo XIII, fue impreso por primera vez en Constantinopla en el año 1516. En el año 1693 fue traducido al Yiddish por Aarón ben Samuel convirtiéndose en una lectura muy popular entre las mujeres judías. Desde entonces se han sucedido las reimpresiones.

En *Deuteronomio* (XXXIV), último capítulo de la *Torah,* se describe los últimos momentos de Moisés, que está a punto de morir. Moisés puede ver la Tierra, pero no le está permitido entrar en ella. Entonces fallece a la edad de 120 años.[1] Comentándolo, Rashi nos dirá que

---

1. El número 120 sugiere una vida completa. De ahí la expresión judía «que vivas hasta los 120».

murió por «boca del Eterno»: exhaló su último aliento mientras era besado, como para añadir a *Éxodo* (XXXII-20) que sostiene que nadie puede ver a Dios y vivir, que tampoco nadie puede ser besado por el Eterno y vivir. Es lo que se denomina «pasar a mejor vida».

La guematria de *Mavet biNeshikah* (מוות בנשיקה), «muerte por el beso» es 919, y coincide con la de *Shalosh Regalim* (שלוש רגלים), literalmente «tres pies», expresión que se refiere a las tres peregrinaciones, la de *Pesaj*, la de *Shavuot* y la de *Sukkot*. Éstas corresponden cabalísticamente a «Todo lo que Dios había ordenado a Moisés» ya que la guematria de *Kol Asher Zuvah haShem le Moshé* (כל-אשר-צוה יהוה את-משה), 1424, es la misma que la suma de las de *Pesaj*, *Shavuot* y *Sukkot*.

Al finalizar lectura de nuestro midrash da la sensación de que todo él es como un comentario a las palabras de *Deuteronomio* (XXXIV-1) que dicen:

> «Y no se levantará más en Israel un como Moisés,
> que conoció al Eterno cara a cara».

Todo este pequeño texto parece erigirse en comentario de un conocido proverbio judeoespañol:

> «Nadie es profeta en su tierra».

Nadie, ni siquiera Moisés a quien no fue permitido entrar en la tierra que Dios le había prometido.

Este cara a cara del que nos habla el libro del *Deuteronomio*, evoca tanto la experiencia del Sinaí y las diversas ocasiones en las que Dios y Moisés hablaron,[2] como los últimos segundos de vida del profeta.

Nuestro texto comienza recordándonos que Moisés es «hombre de Dios»,[3] expresión un tanto curiosa y, al menos aparentemente, contradictoria. «*Ish haElohim*» también podría traducirse como «hombre divino», lo cual diferencia a Moisés de todos, o casi todos, los otros hombres. Moisés es bien consciente de su importancia y de qué no es como los demás hombres. Cuando se encuentra, por fin, delante de la Tierra Prometida, recibe una sorpresa que le resulta poco grata: se le dice que morirá y que no entrará en ella, algo que le disgusta profundamente. Esta idea la encontramos prefigurada en *Deuteronomio* (XXXI-2), donde podemos leer:

לא תעבר את-הירדן הזה

«No pasarás ese Jordán».

Esta frase está conectada por su guematria, 1390, con el famoso canto de Moisés en el paso del mar Rojo, como podemos ver en *Éxodo* (XV-1):

---

2. Véase por ejemplo *Éxodo* (I-3 a 10).

3. Expresión tomada de *Deuteronomio* XXX-1.

את השירה הזאת ליהוה

«Este cántico al Eterno».

La guematria de ambos versículos es exactamente la misma. Pero ahora no se trata del mar de los Juncos, más conocido como mar Rojo, sino del Jordán.

Siendo «divino», es normal que Moisés no quiera morir, pero se está comportando como un humano. Nuestro midrash nos dirá que:

> «Hombre», se refiere a Moisés, como está escrito: «Y el hombre Moisés era muy humilde» (*Números* XII-3).

Moisés, «el más humilde de los hombres», era sin embargo un «hombre divino».[4] Esta falsa contradicción entre lo humano y lo divino nos la va a solucionar rabbí Tanjuma cuando dice en nuestro midrash:

> «Si se lo llamó «hombre», ¿para qué "de Dios"? –La respuesta no es– sino –ésta–: cuando huyó de ante el faraón fue llamado hombre, y cuando ascendió a los Cielos fue llamado "de Dios"».[5]

---

4. Quizá porque la humildad sea lo que más eleva al hombre.

5. La guematria de *Ish haElohim* es 78 y los cabalistas nos recuerdan que este número es el resultado de multiplicar por 3 la guematria de Tetragrama, 26.

La dicotomía «humano-divino» va a ser como la fórmula o el esquema básico de todo el texto.

Moisés, como humano, como líder del pueblo de Israel al que saca de Egipto, no acepta morir sin entrar en la Tierra Prometida, la culminación de toda una vida. Le ofende. Puede parecer injusto e impropio de Dios castigar de este modo a Moisés, privándolo de disfrutar de la Tierra a la que ha conducido con tanto esfuerzo, sacrificio y valentía a su pueblo. Pero a veces las aparentes injusticias divinas encubren cuestiones más nobles, que los humanos somos incapaces de ver a primera vista. El mismo Moisés se defiende ante esta injusticia apoyando su argumentación en un Salmo diciendo:

«Después de todo el esfuerzo con que me esforcé,
¿Tú me dices que he de morir? "No moriré, sino que viviré
y contaré las obras de Dios" (*Salmos* CXVIII-17)».

«No moriré», *Lo Amut* (לא-אמות), nos explica la cábala, tiene por guematria 478 y coincide con la de la expresión *Jaim Kaddosh* (חיים קדוש), la «vida santa». Moisés no morirá, sino que entrará en otro tipo de vida. Moisés se pregunta «Señor del universo, ¿qué pecado he cometido para tener que morir?» y Dios le replica que ha de morir «a causa del pecado de Adán, el primer hombre». A esto bien podría haber argüido que Dios le había dicho:

«Cuando hayas entrado en la tierra que el Eterno, tu Dios,
te da, y la heredares, y habitares en ella…»
(*Deuteronomio* XXVI-1).

Pero no se le permite entrar en ella. Los cabalistas nos han señalado que el valor numérico de la expresión *Ki Tavó el haAretz* (כי-תבוא אל-הארץ), «cuando hayas entrado en la tierra», es 439, el mismo que el de la expresión *Majtaó shel Adam* (מחטאו של אדם), «por el pecado de Adán».

Pero de Adán a Moisés han pasado nada más y nada menos que 26 generaciones, el mismo número que la guematria del Tetragrama, el Nombre de Dios inefable. Con todo, Moisés protestará:

«Le dijo: Amo del universo: a Adán, el primer hombre,
le has ordenado un precepto liviano, y lo ha traspasado,
y yo no he traspasado».

Y cuando Dios le recrimina que había pecado pues había matado a un egipcio, Moisés le contestará:

«Tú has matado a todos los primogénitos de Egipto,
¿y yo he de morir por un solo egipcio?».

Con esta argumentación, talmúdicamente impecable por otra parte, Moisés está cayendo en un pecado de orgullo que raya la insolencia al comparase de algún modo con Dios, él que siempre se había considerado «el más humilde de los hombres». Pero Dios se niega a polemizar y no le contesta.

«Los pies que pisaron el cielo, y la boca que habló
con el Eterno, ¿ha de morir? E incluso así no halló respuesta
del Santo, Bendito Sea. Esto respecto a Moisés, ¿qué harán
y qué dirán las demás personas?».

los israelitas, y si Dios hace morir a aquel cuyos «pies pisaron el cielo» sería algo francamente desmoralizante y desmotivador de cara a los hombres.

Otro argumento que Moisés esgrimirá será:

«¿en vano mis pies han pisado Arafel?»

Arafel (ערפל), que significa «bruma», «niebla», tiene la misma guematria que *Mitzraim* (מצרים), «Egipto». Es como una especie de cielo inferior, intermedio. Leemos en el *Midrash Tanjuma:*

«Cuando le llegó el tiempo de morir, le dijo el Santo, bendito sea: se acercan los días de tu muerte (*Deuteronomio* XXXI-14). Respondió ante Él: «Señor del Universo, ¿es que en vano pisaron mis pies el Arafel?, ¿es que en vano cabalgué delante de tus hijos como un corcel para que mi final sea el de un gusano?

Este texto se apoya en el pasaje de *Éxodo* (XX-21) que dice que Moisés se aproximó a la bruma en la que se encontraba Dios:

ומשה נגש אל-הערפל, אשר-שם האלהים

«…y Moisés se acercó a la bruma en la cual estaba Dios».

La palabra «bruma» es aquí *Arafel* (ערפל). Esto nos viene a enseñar que el lugar en el que puede producirse el encuentro es comparable a una bruma. *Arafel* (ערפל) procede de *Oref* (עאף), que significa «nuca», «cerviz», y que es un anagrama de *Paró* (פרע), «faraón».

También le pide a Dios que no se comporte como los humanos cuando le dice:

«Te pido por favor que no seas como un rey de carne y sangre, porque un rey de carne y sangre, cuando tiene un siervo y aún es joven y es fuerte, lo ama, y cuando envejece, lo odia, pero Tú: «no me arrojes en el momento de la vejez; cuando se acabe mi fuerza, no me abandones» (*Salmos* LXXI-9)».

Hay, pues, mal le pese a Moisés, una relación sutil entre el pecado original y el hecho de no poder entrar en la tierra prometida. Finalmente, Moisés acaba muriendo, pero nadie sabe dónde se halla su sepultura.[6]

---

6. Véase *Deuteronomio* (XXXIV-6). Esta misma idea la defiende Louis Cattiaux cuando dice que «las tumbas de los hijos de Dios son tumbas vacías».

Otro pasaje que tampoco ha pasado desapercibido a los sabios cabalistas es aquel que dice: «Después de que Moisés llegara a la tienda»:

(אחרי משה עד באו האהלה).[7]

Si tomamos la última letra de cada palabra, podemos formar el Tetragrama, el nombre de Dios asociado a la misericordia, de quien Moisés cuya guematria, como ya vimos, es 26. En el medio de la frase nos hallamos con el término *Ed* (עד) que no se tiene en cuenta pero que parece estar uniendo a las cuatro palabras para evocar la unificación de los nombres de Dios Elohim y el Eterno. *Ed* (עד) significa «eternidad». A las letras que forman *Ed* (עד) las encontramos más grandes que las demás en el Shemá Israel, considerado como una unificación de los nombres Elohim y el Tetragrama.

Otra conocida guematria nos la encontramos en el pasaje que dice:

«¿Y de dónde se sabe que Moisés imploró 515 veces, como el valor numérico de "e imploré *(vaetjanan)*"?».

Esta guematria de manual, que está tomada del *Midrash Rabbah* (11,10), nos remite también al Talmud (*Berajoth* 10 b) cuando comenta a *Ezequiel* (I-7):

---

7. Esta expresión aparece el *Midrash Lekaj* sobre *Éxodo* XXX-8.

המתפלל צריך שיכוין את רגליו שנאמר ורגליהם רגל ישרה

«Durante la oración, uno debe mantener los pies juntos, como está dicho, "sus pies estaban rectos"».

El sevillano David Abudirham (s. xiv), discípulo del famoso Baal haTurim, el gran especialista en guematria, escribió:

> «Esto se simboliza por el hecho de que *Iesharah* (rectos) tiene el mismo valor numérico que *tefilah* (oración)».

Se trata de una etimología clásica que, como nos recuerdan los cabalistas, es también la de *Ish Tzaddik* (איש צדיק), «hombre justo». Quizá por ello mismo, cuando Dios decide que Moisés ha de morir, el texto de nuestro midrash nos regala una serie de citas bíblicas entre las cuales hay que destacar:

> «Y no se levantará más en Israel un profeta como Moisés, que conoció al Eterno cara a cara» (*Deuteronomio* XXXIV-10).

> «Y los Cielos dijeron: "se perdió un justo de la Tierra" (Miqueas VII-2)»

El argumento de Dios, en su omnisciencia, para no permitir que Moisés viva y pueda entrar en la Tierra Prometida no deja de ser ingenioso: para prevenir la idolatría. Aquel que era «el más humilde entre los hombres» podría caer en la tentación de volverse orgulloso. Y está sentenciado. El Creador le dirá:

«Si te dejo con vida, errarán contigo, y te harán un dios,
y te adorarán».

Al final, como todo mortal, Moisés morirá, pero no como los demás hombres, no lo hará a manos del ángel de la Muerte, sino de un beso del Eterno.[8]

Los eruditos consideran que el «beso del Eterno» es un mero modismo del hebreo para expresar que fue por una decisión divina. Francamente, si así fuera, podría haberse dicho de otra manera.

El beso, el *Ijud*, la unificación por excelencia, se utiliza en la cábala para describir la unión entre los mundos superior e inferior. Es la unión e interacción entre las potencias divinas femenina y masculina, las sefirot *Maljut* y *Tiferet*. En el Zohar (II-146b) podemos leer:

«No hay amor en la unión de espíritu con espíritu sino a través del beso. Y el beso con la boca, que es la fuente del espíritu, y su salida. Y cuando se besan éste con éste se unen los espíritus unos con otros, y son uno, y entonces hay un amor».

La insistencia entre «uno», *Ejad*, y «amor», Ahavah, no es casual: la guematria de ambas palabras es 13, y la suma de estos dos 13 es 26, la guematria del Tetragrama. El Zohar seguirá hablando a continuación de la unión de las cuatro letras que forman el Tetragrama.

---

8. Véase *Deuteronomio* XXXIV-5.

En el beso, el amante inhala el aliento del amado, en este caso el Eterno, su espíritu de vida.

Una gran especialista en cábala, la más que centenaria autora francesa Annick de Souzenelle, sostiene que «la *Torah* es un beso de Dios».[9] Es como si Moisés la estuviera recibiendo de nuevo, o a otro nivel.

Con todo, Moisés no entrará en la tierra prometida, pero sí en el *Olam haBa*, el mundo venidero por lo que:

> «¡Moisés! ¡Hijo mío! Hay mucho preparado para ti en el Mundo Venidero, y te saciarás de todo tipo de –deleites del– Jardín del Edén y sus delicias…».

Y más adelante:

> «El Santo, Bendito Sea, le dijo a Moisés: tus días se anulan y tú luz no se anula. Porque en el Mundo Venidero no necesitarás la luz del Sol ni la luz de la Luna y las estrellas, ni comida y bebida, y tampoco ropa y vestimentas, ni aceite para tu cabeza, ni zapatos para tus pies, porque Yo con mi gloria te alumbraré, y de mi gloria te daré vestimenta, y de mi esplendor te daré tu ropa, y de mi brillo iluminaré tu rostro, y de mi fuente humectaré tu garganta…».

---

9. En su libro *Le baiser de Dieu: Ou l'Alliance retrouvée*, E. Albin Michel, París, 2009. Recomendamos encarecidamente la obra de esta autora, particularmente *El simbolismo del cuerpo humano*, Ediciones Obelisco, Rubí, 2024.

Con esto, Dios le está recordando a Moisés algo que todos los sabios enseñan: la futilidad y la insignificancia de este bajo mundo frente al *Olam haBa*, el mundo venidero, algo de lo que todos seremos conscientes en el momento de la muerte, de nuestra propia muerte.

EL EDITOR

Midrash Petirat Moshé Rabeinu, alav hashalom
(Midrash del fallecimiento de Moisés, nuestro maestro, que la paz esté con él).

(דפוס לבוב הנ״ל; ביה המדרש ח״ב)

(Impreso en Lvov, Beit haMidrash II)

וזאת הברכה אשר ברך משה איש האלהים, אמר ר׳ שמואל
בר נחמני כיון שבא משה לברך את ישראל ברכם בזאת הב־
רכה: וזאת התורה שכתב בה וזאת הברכה, אשר ברך משה
איש האלהים, איש האלהים זה משה, איש האלהים זה
הקב״ה שכתוב בו ה׳ איש מלחמה. וכל כך למה, לקיים מה
שנאמר והחוט המשולש לא במהרה ינתק.

«Y ésta es la bendición –*zot haberajah*– con la que
bendijo Moisés, hombre de Dios, a los Hijos de Israel
antes de su muerte» (Deuteronomio 33:1). Dijo rabí
Shmuel bar Najmani: ya que Moisés vino a bendecir a
Israel, los bendijo con esta bendición –*zot haberajah*–.

«Ésta», se refiere a la Torá, en la cual está escrito: «Y ésta es la bendición». –Y a continuación está escrito–: «Con la que bendijo Moisés, hombre de Dios». «Hombre de Dios –*HaElohim*–», se refiere a Moisés –tal como se mencionó en el versículo, y–, «Hombre *HaElohim*», se refiere al Santo, Bendito Sea, como está escrito acerca de Él: «El Eterno es Hombre de guerra, El Eterno es su Nombre» (Éxodo 15:3). Y todo eso, ¿para qué? Para que se cumpla lo que está dicho: «Una cuerda de tres cabos no se rompe con facilidad» (Eclesiastés 4:12).

א״ר תנחומא איש האלהים, אם איש למה אלהים? אלא
כשברח לפני פרעה נקרא איש, כשעלה לרקיע נקרא אלהים.
ומפני מה זכה משה שהקב״ה נתעסק בו? שבשעה שירד למ-
צרים כשהגיעה גאולתן של ישראל היו כולם עוסקים
בשאילת כסף וזהב, ומשה היה טרוד ומסבב את העיר שלשה
ימים ושלשה לילות למצוא ארונו של יוסף, לפי שלא היו יכו-
לין לצאת ממצרים אלא אם יעלו עמהם עצמות יוסף, שנאמר
וישבע יוסף את בני ישראל וגו'.

Dijo rabí Tanjuma: «Hombre de Dios». Si se lo llamó «hombre», ¿para qué «de Dios»? –La respuesta no es– sino –ésta–: cuando huyó de ante el faraón fue llamado hombre, y cuando ascendió a los Cielos fue llamado «de Dios». ¿Y por qué Moisés mereció que El Santo, Bendito Sea, se ocupara de él? –La respuesta no es– sino –ésta–: cuando descendió a Egipto y llegó –el tiempo de– la redención de Israel, todos estaban ocupados con la plata y el oro, y Moisés estaba ocupado rondando por la ciudad durante tres días y tres noches para hallar el ataúd de José. Porque no podían salir de Egipto a menos de que ascendieran con ellos los huesos de José, como está dicho: «Y José hizo jurar a los hijos de Israel, diciendo: "Ciertamente Dios se acordará de vosotros y subiréis mis huesos de aquí"» (Génesis 50:25).

וכשהיה משה מבקש ארונו של יוסף היכן הוא, פגעה בו סרח בת אשר עיף ויגע, אמרה לו למה אתה טרוד כל כך, אמר לה על ארונו של יוסף אני טרוד, אמרה לו בא עמי לניל־לוס ואראך היכן הוא, הלך עמה אמרה לו במקום הזה הוא ארונו. ועשו אותו מעופרת וחתמו אותו מארבע רבעיו, שכך אמרו החרטומים אל פרעה וידעו המצריים שאין ישראל יכו־לין לצאת ממצרים עד שיעלו ארונו של יוסף, לפי שהם יוד־עים חומר השבועה שהשביע אותם, ולכך הסכימו עם מכש־פות שלהם ועשו ארון של עופרת במיני כשפים, וזה הוא מקומו.

Y cuando Moisés buscaba el ataúd de José, Seraj, la hija de Asher, se topó con él estando cansado y exhausto. Y ella le dijo: ¿Por qué estás preocupado? Y le dijo: estoy preocupado por el ataúd de José. Ella le dijo: ven conmigo al Nilo y te mostraré dónde se encuentra. Fue con ella, y le dijo: el ataúd está en este lugar, y lo han hecho de plomo, y lo han sellado por los cuatro flancos, porque así dijeron los hechiceros del faraón. Y los egipcios sabían que los hijos de Israel no podían salir de Egipto hasta que subieran el ataúd de José; porque ellos sabían de la gravedad del juramento con que los hizo jurar, y por eso acordaron con sus hechiceros, e hicieron un ataúd de plomo con distintos tipos de brujerías, y éste es su lugar.

מיד פתח משה פיו ואמר יוסף יוסף אתה יודע שהגיע זמן
גאולתם של ישראל ואתה השבעת אותם שלא יעלו ממצרים
עד שיעלו עצמותיך, ועתה תן כבוד לאלהי ישראל ואל תאחר
גאולתם ועלה במהרה מהתהום, מיד התחיל ארונו של יוסף
להתנענע ועלה מתהומות וצף על פני המים. נטלו משה על
כתפיו והלך עמו, ישראל נטלו כל כסף וזהב ובגדים ושמלות
של מצרים, ומשה לא חשב על זה אלא אדרבא היתה לו
שמחה גדולה כי נטל ארון יוסף. אמר הקב"ה למשה: משה!
חייך לא דבר קטן עשית בשביל שלא חששת על כסף וזהב
וכו', גם אני בשעת סילוקך אני הוא המתעסק במטתך ולא
שום אדם בעולם.

Inmediatamente Moisés abrió su boca y dijo: ¡José, José! Tú sabes que ha llegado el tiempo de la redención de Israel, y tú los has hecho jurar de que no ascendieran de Egipto hasta que subieran tus huesos, y tú, considera el honor del Dios de Israel, y no demores la redención de ellos. ¿Tienes un hechizo? Pide y solicita a tu Dios, y asciende inmediatamente del abismo. Inmediatamente el ataúd de José comenzó a moverse y a ascender de las profundidades, hasta que flotó sobre las aguas. Moisés lo tomó sobre sus hombros y marchó con él, y los hijos de Israel tomaron la plata y el oro, y las vestimentas y los vestidos de los egipcios; y Moisés no consideró eso, sino por el contrario, estaba muy alegre. El Santo, Bendito Sea, le dijo: ¡Moisés, Moisés! ¡Por tu vida! No has hecho algo pequeño al no haber considerado la plata y el oro; también Yo, cuando te apartes del mundo, me ocuparé de tu lecho –de muerte–, y no de ninguna otra persona del mundo.

וכשהגיע יומו של מרע"ה ליפטר מן העולם א"ל הקב"ה הן קרבו ימיך למות, אמר לפניו רבש"ע אחר כל היגיעה שיגעתי תאמר לי שאמות. לא אמות כי אחיה וגו', א"ל הקב"ה רב לך עד פה תבוא ולא תוסיף, קרא את יהושע ואצונו, אמר לפניו רבש"ע מפני מה אני מת? אם בשביל כבודו של יהושע יכנס יהושע לשררה ואני אצא. א"ל הקב"ה ותעשה לו כמו שהיה עושה לך? א"ל הן. מיד הסכים משה והלך אחר יהושע וקרא לו רבי יהושע, נתיירא יהושע מאד וא"ל ולי אתה קורא רבי! א"ל מרע"ה ליהושע רוצה אתה שאחיה ולא אמות? א"ל הן, א"ל ולא טוב לך שלא אמות באופן כזה? ואם יקשה בעיניך שום דבר אני מלמדך, אבל קבל עליך שאחיה ואעשה לך כמו שהיית עושה לי.

Y cuando llegó el día en el que nuestro maestro Moisés partiría de este mundo, El Santo, Bendito Sea, le dijo: «He aquí se han acercado tus días para morir» (Deuteronomio 31:14). Dijo ante Él: Amo del Universo, después de todo el esfuerzo con que me esforcé, ¿Tú me dices que he de morir? «No moriré, sino que viviré y contaré las obras de Dios» (Salmos 118:17). El Santo, Bendito Sea, le dijo: ¡Suficiente para ti! Hasta aquí vendrás y no aumentarás. «Llama a Josué y estad de pie en la Tienda de la Reunión, y lo ordenaré» (Deuteronomio 31:14). Dijo ante Él: Amo del universo, ¿por qué yo he de morir? Si es por el honor de Josué, que Josué entre a gobernar, y yo saldré. El Santo, Bendito Sea, le dijo: ¿Y le harás tal como él te hacía a ti? Le dijo: ¡Sí! Inmediatamente Moisés madrugó, y fue tras Josué, y le dijo: ¡Maestro! Y Josué temió mucho, y le dijo: ¿A mí me llamas maestro? Y nuestro maestro Moisés, que la paz esté con él, dijo a Josué: ¿Tú quieres que viva y no muera? Le dijo: ¡Sí! Le dijo: ¿Y acaso no está bien para ti que no muera, de modo que, si algún asunto te resultara difícil, yo te enseñe, pero recibes sobre ti que viva, y te haga a ti tal como me hubieses hecho a mí?

א״ל יהושע למרע״ה כל מה שתגזור עלי אני מקבל בשביל שאראה פניך. והתחיל מרע״ה לעשות ליהושע כל הכבוד שהיה עושה לו יהושע. כיון שנכנסו לאהל מועד ירד עמוד הענן שנאמר וירא ה' באהל בעמוד ענן והפסיק בין משה ליהושע, יהושע מבפנים ומרע״ה מבחוץ. כיון שראה כך אמר מאה מיתות ולא קנאה אחת התחיל משה לתבוע אותו בפיו ואמר לפניו רבש״ע מה חטא בידי כדי שאמות? א״ל הקב״ה הן, מחטאו של אדם הראשון שכתוב בו הן האדם היה כאחד ממנו לפיכך אתה מת. א״ל רבש״ע לשוא דשו רגלי בערפל ולשוא רצתי לפני בניך כסוס? א״ל כבר קנסתי מיתה על אדם.

Josué le dijo a Moisés: todo lo que decretes sobre mí, yo lo recibo, con tal de ver tu rostro. Y nuestro maestro Moisés, que la paz esté con él, comenzó a hacer a Josué todo el honor que Josué le hacía a él. Debido a que entró a la Tienda de Reunión, y descendió la columna de nube, como está dicho: «Y El Eterno se reveló en la Tienda, en una columna de nube, y la columna de nube se ubicó junto a la entrada de la Tienda (Deuteronomio 31:15), interrumpió entre Moisés y Josué. Josué estaba en el interior, y nuestro maestro Moisés, que la paz esté con él, fuera. Ya que vio eso, dijo: cien muertes y no una sola envidia. Moisés comenzó a clamar con su boca, y dijo ante Él: ¡Amo del universo! ¿Qué pecado hay en mi para que muera? El Santo Bendito Sea, le dijo: Ciertamente a causa del pecado de Adán, el primer hombre, que está escrito acerca de él: "Y El Eterno Dios dijo –a los ángeles–: «He aquí que el hombre será como uno de nosotros, conocedor del bien y el mal"» (Génesis 3:22), por eso tú mueres. Le dijo: Amo del universo, ¿en vano mis pies han pisado Arafel? ¿Y en vano he corrido ante tus hijos como un caballo? Le dijo: ya he decretado la muerte sobre Adán.

א״ל רבש״ע אדם הראשון מצוה קלה צוית אותו ועבר עליה
ואני לא עברתי. א״ל הרי אברהם קדש שמי בעולם ומת, א״ל
יצא ממנו ישמעאל וכו׳. א״ל הרי יצחק בנו שפשט צוארו
ע״ג המזבח, א״ל יצא ממנו עשו וכו׳. א״ל הרי יעקב שיצאו
ממנו י״ב שבטים ולא הכעיסוני, א״ל לא עלה לרקיע ולא דשו
רגליו בערפל ולא דברת עמו פנים אל פנים ולא קבל התורה
מידך, א״ל הקב״ה רב לך אל תוסף דבר אלי עוד בדבר הזה.
אמר לפניו רבש״ע שמא יאמרו ישראל אלולי מצא במשה
דברים רעים לא היה מסלקו מן העולם, א״ל כבר כתבתי
בתורתי ולא קם עוד נביא בישראל כמשה, א״ל שמא יאמרו
בקטנותי עשיתי רצונך ובזקנותי לא עשיתי רצונך, א״ל כבר
כתבתי על אשר לא קדשתם אותי. א״ל רבש״ע אכנס לא״י
ואחיה שם שתי שנים או שלש ואמות, א״ל גזרה היא מלפני
שלא תכנס לשם. א״ל אם לא אכנס בחיי אכנס במותי, א״ל
לאו. א״ל רבש״ע כל הכעס הזה עלי למה? אמר לו על אשר
לא קדשתם אותי.

Le dijo: Amo del universo: a Adán, el primer hombre, le has ordenado un precepto liviano, y lo ha
traspasado, y yo no he traspasado. Le dijo: he aquí
Abraham santificó mi Nombre en el mundo, y murió.
Le dijo: salió de él Ismael. Le dijo: he aquí su hijo Isaac,
extendió su cuello sobre el altar. Le dijo: salió de él Esaú.
Le dijo: he aquí Jacob, que salieron de él doce tribus, y
no te han hecho enojar. Le dijo: no ascendió al Cielo,
y sus pies no pisaron Arafel, y no has hablado con él
cara a cara, y no recibió la Torá de tu mano. El Santo,
Bendito Sea, le dijo: «¡Suficiente para ti! ¡No sigas ha-

blándome más de este asunto!» (Deuteronomio 3:26). Dijo ante Él: Amo del universo, tal vez los hijos de Israel digan: si no fuera que halló cosas malas en Moisés, no lo hubiera apartado del mundo. Le dijo: ya he escrito en mi Torá: «Y no se levantará más en Israel un profeta como Moisés» (Deuteronomio 34:14). Le dijo: tal vez dirán que en mi juventud hice Tu voluntad, y en mi ancianidad no hice Tu voluntad. Le dijo: ya he escrito: «Porque no me habéis santificado» (Deuteronomio 32:51). Le dijo: Amo del universo: entraré en la tierra de Israel y viviré allí dos años, o tres, y moriré. Le dijo: es un decreto ya decretado ante Mí que no entrarás allí. Le dijo: si no entraré en mi vida, entraré en mi muerte. Le dijo: Amo del universo, todo este enojo contra mí, ¿por qué? Le dijo: porque no me habéis santificado.

א״ל מרע״ה כתיב כל אלה יפעל אל וכו׳ ואתה מתנהג עם
בריותיך במדת רחמים פעם אחת ושתים ושלש, ואני עון אחד
יש לי ואין אתה מכפר לי, א״ל הקב״ה משה שש עונות בידך
ולא גליתי לך שום אחד מהם: בתחלה אמרת לי שלח נא ביד
תשלח, שנית - ומאז באתי אל פרעה לדבר בשמך הרע לעם
הזה, שלישית - לא ה׳ שלחני, רביעית - ואם בריאה יברא
ה׳, חמישית - שמעו נא המורים, ששית - והנה קמתם תחת
אבותיכם תרבות אנשים חטאים, אברהם יצחק ויעקב חטאים
היו שאמרת לבניהם כך?! אמר לפניו רבש״ע ממך למדתי
שאמרת את מחתות החטאים האלה בנפשותם, א״ל אני לא
הזכרתי אבותם, א״ל רבש״ע כמה פעמים חטאו ישראל והת־
חננתי והתפללתי עליהם לפניך ומחלת להם ולי לא תמחול,
א״ל אין דומה גזירת צבור לגזירת יחיד, ועוד עד היום היתה
השעה מסורה בידך. מיד התחיל לדבר תפלות ותחנונים, וע־
ליו אמר שלמה תחנונים ידבר רש.

Nuestro maestro Moisés, que la paz sea con él, le dijo: está escrito: «Ciertamente Dios efectúa todas estas
cosas […]» (Job 33:29). Y Tú te comportas con tus creaciones con el atributo de la Misericordia una vez, y otra
vez, y por tercera vez, y en mí hay un solo pecado, ¿y Tú
no me perdonas? El Santo, Bendito Sea, le dijo a Moisés: hay seis pecados en tu mano, y no te descubrí ninguno de ellos. Al comienzo me has dicho: «Envía a través de quién ha de ser enviado» (Éxodo 4:13). El
segundo: «Y desde el momento en que vine al Faraón
para hablar en Tu Nombre, le ha hecho mal a este pueblo» (Éxodo 5:23). El tercero: «No El Eterno me ha

enviado» (Números 16:29). El cuarto: «Y si El Eterno creare una creación» (Números 16:30). El quinto: «Escuchad ahora, rebeldes» (Números 16:30). El sexto: «Y he aquí que habéis levantado en lugar de vuestros padres conducta de hombres pecadores» (Números 32:14). ¿Y acaso Abraham, Isaac y Jacob eran pecadores que has dicho eso a los hijos de ellos? Le dijo: Amo del universo, de Ti he aprendido, pues has dicho: «los braseros de esos pecadores por sus almas» (Números 17:3). Le dijo: Yo no mencioné a sus padres. Le dijo: Amo del universo: ¿cuántas veces los hijos de Israel pecaron ante Ti, y he rogado, y he orado por ellos ante Ti, y los has perdonado, y a mí no me perdonas? Le dijo: no se asemeja un decreto contra la congregación a un decreto contra una persona individual. Y, además, hasta hoy el momento era entregado en tu mano. Inmediatamente comenzó a pronunciar más plegarias y ruegos, y respecto a él dijo Salomón: «El afligido habla con ruegos» (Proverbios 18:23).

משלו משל למה"ד לחכם שהיה מלמד לבנו של מלך והיו כל
בני פלטרין של מלך יראים ממנו, ולא בני פלטרין בלבד אלא
גם כל העולם היו יראים ממנו והיו עושים כל רצונו על שהיה
מלמד לבנו של מלך, לאחר זמן מועט מת בנו של מלך, כיון
שמת אבד רבו כל הטובות שהיו לו מבני פלטרין והתחיל לה-
חזיר על הפתחים, באותן הימים שהיה בנו של מלך חי היה
הכל ברשותו של חכם, כיון שמת אבד הכל. כך מרע"ה כל
זמן שהיה חי היה הכל ברשותו עליונים ותחתונים שנאמר
עלית למרום שבית שבי לקחת מתנות באדם, בקע הים,
הוציא מים מן הסלע, הוריד המן, ולא עוד אלא שהיה אומר
קומה ה' שובה ה', ועוד אם אין פניך הולכים אל תעלנו מזה.

¿A qué se parece este asunto? A un sabio que enseñaba al hijo del rey, y todos los miembros del palacio del
rey temían ante él; y no solamente los miembros del palacio, sino también todo el mundo temía de él, y hacían
su voluntad, porque enseñaba al hijo del rey. Después
de un breve lapso de tiempo, el hijo del rey murió. Debido a que murió, el maestro perdió todas las bondades
que tenía de los miembros del palacio. Comenzó a ir
puerta por puerta. En esos días en que el hijo del rey
estaba vivo, todo estaba en poder del sabio, pero debido a que murió, perdió todo. Así nuestro maestro Moisés, que la paz esté con él, todo el tiempo que estaba
vivo, todo estaba en su poder, lo de lo Alto y lo de lo
bajo, como está dicho: «Has ascendido a lo Alto, has tomado cautividad, has tomado presentes para los hombres» (Salmos 68:19). El mar fue dividido por su mano,

sacó agua de la roca, hizo descender el maná, y no sólo eso, sino que decía: «Levántese El Eterno» (Números 10:35), «vuelva El Eterno» (Números 10:36). Y además: «Si Tu Presencia no va –con nosotros–, no nos hagas ascender de aquí» (Éxodo 33:15).

כיון שהגיע זמנו ליפטר היה מחזיר למי שיבקש עליו רחמים, הוי תחנונים ידבר רש, וכתיב לכל זמן ועת לכל חפץ תחת השמים, עת היתה למשה לירד למצרים ליטול גאולה ולגאול את ישראל שנאמר גם האיש משה גדול מאד בכל ארץ מצ־רים, ועת היתה לו להפיל תחנה שנאמר ואתחנן וגו׳ בעת ההיא לאמר ה׳ אלהים וגו׳ שתי שמות הללו למה הזכירן משה?

A esto se refiere el ejemplo mencionado, todo el tiempo que Moisés estaba vivo, todo estaba en su poder, debido a que llegó su tiempo de apartarse –e irse del mundo–, se volvía a aquel que pidiera misericordia por él. A esto se refiere lo que está dicho: «El afligido habla con ruegos» (Proverbios 18:23). Y está escrito: «Todo tiene su tiempo, y todo lo que se desea debajo del Cielo tiene su momento» (Eclesiastés 3:1). Hubo un tiempo para Moisés para descender a Egipto, y tomar la redención, y redimir a Israel, como está dicho: «Además, el hombre Moisés era considerado muy grande en la tierra de Egipto, a los ojos de los siervos del Faraón, y a los ojos del pueblo» (Éxodo 11:3). Y ahora debía implorar, como está dicho: «אחרי משה עד-באו האהלה» E imploré en ese momento al Eterno diciendo: «El Señor, Dios [...]» (Deuteronomio 3:23–24). ¿Por qué pronunció Moisés esos Nombres? «E imploré en ese momento al Eterno diciendo: «El Señor, Dios [...]» (Deuteronomio 3:23–24). ¿Por qué Moisés pronunció esos dos Nombres?

מלמד שאמר משה בשני שמות הללו ברא הקב״ה את עולמו
ואת האדם בדין וברחמים, שנאמר וייצר ה׳ אלהים את
האדם, ומנין ששני שמות הללו הם רחמים ודין? שנאמר ה׳
ה׳ אל רחום וחנון וגו׳ הרי כאן רחמים ודין, לזה אמר ה׳
אלהים אתה החלות להראות לי גבורתך בסנה ועתה בזקנותי
אני מבקש רחמים על עמך צאן מרעיתך שתסלח ותכפר
להם, בבקשה ממך אל תהיה כמלך בשר ודם, מלך ב״ו
כשיהיה לו עבד בעודו בחור והוא גבור הוא אוהבו וכשיזקין
הוא שונאו, אבל אתה אל תשליכני לעת זקנה וגו׳, את גדלך
אלו עשרת הדברות, ואת ידך החזקה אלו עשר מכות, אשר
מי אל בשמים ובארץ, אתה בראת הכל ובידך להמית ולה־
חיות, אשר יעשה כמעשיך וכגבורותיך לעתיד לבא.

Se aprende que Moisés pronunció esos dos Nombres porque con ellos El Santo, Bendito Sea, creó su mundo, y al hombre, con juicio –rigor– y misericordia, como está dicho: «Y El Eterno Dios formó al hombre de polvo de la tierra y le exhaló en sus fosas nasales un alma de vida» (Génesis 2:7). ¿Y de dónde se sabe que esos dos Nombres están asociados a juicio y misericordia? Como está dicho: «Y El Eterno pasó ante él y proclamó: «¡El Eterno! ¡El Eterno! Dios, misericordioso y

clemente [...]» (Éxodo 34:6). He aquí juicio y misericordia. Por eso dijo: «El Señor, Dios, Tú has comenzado
a mostrar a tu siervo Tu grandeza», en la zarza. Y ahora,
en mi ancianidad, yo solicito misericordia por Tu pueblo, el rebaño de tu pastoreo, que los perdones y expíes
por ellos. «A tu siervo». Te pido por favor que no seas
como un rey de carne y sangre, porque un rey de carne
y sangre, cuando tiene un siervo y aún es joven y es
fuerte, lo ama, y cuando envejece, lo odia, pero Tú: «No
me arrojes en el momento de la vejez; cuando se acabe
mi fuerza, no me abandones» (Salmos 71:9). «Tu grandeza». Se refiere a los Diez Mandamientos. «Y Tu mano
poderosa». Se refiere a las diez plagas –que trajo sobre
Egipto–. «Pues, ¿qué dios hay en los Cielos o en la Tierra». Tú has creado todo, y en tu poder está dar la muerte o dar la vida. «Que haga como tus hechos y tus accio-
nes de poder». En el futuro venidero.

ולמה אמר משה כ״כ, אלא משה היה סבור שאם ישראל
ירצו לעשות שום עון אינו מניחם וזה בשמים ובארץ, ר״ל אל
אחד ואין זולתו, ולא עוד אלא שאודיע הוד כבודך לדורות
שיבואו ואומר להם שעל ידי בקעת הים ונתת התורה ליש-
ראל והמטרת להם לחם מן השמים ארבעים שנה והעלית
מים מן הבאר והוצאת להם מים מן הסלע, ועכשיו אם טוב
בעיניך לא אמות כי אחיה ואספר מעשי יה, א״ל הקב״ה די
לך, אם תשאר חי יטעו בך ויעשו אותך אלוה ויעבדוך, אמר
לפניו רבש״ע כבר בדקת אותי בעשיית העגל ובטלתי אותו
ועכשיו אמות?

¿Y por qué Moisés dijo todo esto? —La respuesta no es— sino —ésta—: pensaba que, si los hijos de Israel quisieran cometer algún pecado, no los iba a dejar. Y a esto se refiere lo que está escrito: «en los Cielos o en la Tierra». Es decir, un único Dios, y no hay otro fuera de Él. Y no sólo eso, sino que informaré del esplendor de Tu gloria a las generaciones futuras, y les diré que a través de mí has partido el mar, y has entregado la Torá a Israel, y les has hecho llover pan de los cielos durante 40 años, y les has hecho subir agua del manantial, y has sacado para ellos agua de la roca; y ahora, si te parece bien: «No moriré, sino que viviré y contaré las obras de Dios» (Salmos 118:17). El Santo, Bendito Sea, le dijo: ¡Suficiente para ti! Si te dejo con vida, errarán contigo, y te harán un dios, y te adorarán. Dijo ante el Amo del universo: ya me has revisado con la hechura del becerro de oro, y lo he anulado, y ahora, ¿he de morir?

א״ל הקב״ה משה בן מי אתה? א״ל בן עמרם, א״ל ועמרם בן
מי הוא? א״ל בן יצהר, יצהר בן מי הוא? א״ל בן קהת, וקהת
בן מי הוא? א״ל בן לוי, א״ל וכולם ממי יצאו? א״ל מן אדה״ר,
א״ל נשאר מהם שום אדם חי? א״ל כולם מתו, א״ל הקב״ה
ואתה רוצה לחיות?! א״ל רבש״ע אדה״ר גנב ואכל מה שלא
רצית וקנסת עליו מיתה ואני גנבתי כלום לפניך? וכבר כתבת
עלי עבדי משה בכל ביתי נאמן הוא, א״ל הקב״ה למשה כלום
אתה צדיק מאדה״ר ודורו? א״ל כן, אדה״ר וחוה פיתה אותם
נחש ואני החייתי מתים בנחש, א״ל הקב״ה כלום אתה גדול
מנח ודורו? א״ל כן, נח הבאת עליו ועל דורו מי המבול ונח
לא בקש רחמים על דורו ואני אמרתי ועתה אם תשא חטא-
תם ואם אין מחני נא מספרך אשר כתבת.

El Santo, Bendito Sea, dijo a Moisés: ¿de quién eres
hijo? Le dijo: hijo de Amram. Le dijo: y Amram, ¿de
quién es hijo? Le dijo: hijo de Ytzar. Le dijo: e Ytzar,
¿de quién es hijo? Le dijo: hijo de Kehat. Le dijo: y Kehat, ¿de quién es hijo? Le dijo: hijo de Levi. Le dijo: y
todos, ¿de quién salieron? Le dijo: de Adán, el primer
hombre. Le dijo: ¿Quedó de ellos algún hombre vivo?
Le dijo: todos han muerto. El Santo, Bendito Sea, le
dijo: ¿y tú quieres vivir? Le dijo: Amo del universo,
Adán, el primer hombre, robó y comió lo que no deseabas, y lo has penalizado con la muerte, y yo, no he roba-
do nada ante Ti, y ya has escrito acerca de mí: «Mi ser-
vidor Moisés en toda mi casa es fiel» (Números 12:7).
El Santo, Bendito Sea, le dijo a Moisés: ¿Acaso tú eres
más justo que Adán, el primer hombre, y su generación?

Le dijo: ¡Sí! Adán, el primer nombre, y Eva fueron seducidos por la serpiente, y yo he hecho vivir a los muertos con una serpiente. El Santo, Bendito Sea, le dijo: ¿acaso tú eres más grande que Noé y su generación? Le dijo: ¡Sí! Noé, has traído sobre él, y sobre su generación, las aguas del Diluvio, y Noé no pidió misericordia por su generación, y yo he dicho ante ti: «Y ahora, si Tú cargas con el pecado de ellos, carga, y si no, por favor bórrame de Tu libro que has escrito» (Éxodo 32:32).

א״ל כלום אתה גדול מאברהם שנסיתי אותו בעשרה
נסיונות? א״ל יצא ממנו ישמעאל שיאבדו בניו את בניך וכו'.
א״ל האתה גדול מיצחק? א״ל יצא מחלציו מי שיחריב את
ביתך ובניו יהרגו את בניך ולויך, א״ל הקב״ה כלום אמ־
רתי לך שתהרוג את המצרי? א״ל ואתה הרגת כל בכורי מצ־
רים ואני אמות בשביל מצרי אחד?! א״ל הקב״ה ואתה דומה
אלי ממית ומחיה? כלום אתה יכול להחיות כמוני, ולא תזכור
כמה כבוד כבדתיך, אמרת לי קומה ה' וקמתי, שובה ה' ושב־
תי, גם בשבילך שניתי מעשה שמים וארץ, שדרכן של שמים
להוריד טל ומטר וארץ להוציא לחם ואתה אמרת לי איני
רוצה בזה אלא השמים יורידו לחם והארץ תוציא מים, וכן
עשיתי שנאמר הנני ממטיר לכם לחם מן השמים ואומר עלי
באר ענו לה.

Le dijo: ¿acaso tú eres más grande que Abraham, que lo probé con diez pruebas? Le dijo: salió de él Ismael, cuyos hijos harían perder a Tus hijos. Le dijo: ¿acaso tú eres más grande que Isaac? Le dijo: de él saldría quién destruiría tu Casa y asesinaría a tus hijos, tus sacerdotes y tus levitas. El Santo, Bendito Sea, le dijo: ¿acaso Yo te he dicho algo de matar al egipcio? Le dijo: y Tú has matado a todos los primogénitos de Egipto, ¿y yo he de morir por un solo egipcio? El Santo, Bendito Sea, le dijo: ¿Y tú te asemejas a Mí? Yo hago morir y hago vivir, ¿acaso tú puedes hacer vivir como Yo? ¿Y no recordarás con cuánto honor te he honrado? Me has dicho: «Levántese El Eterno» (Números 10:35), y me he levantado; «vuelva El Eterno» (Números 10:36), y me he vuelto. También por ti he modificado la obra de los Cielos y la Tierra, porque es natural en los cielos hacer descender el rocío y la lluvia, y en la tierra, sacar pan; y tú me has dicho: no deseo eso, sino que los cielos hagan descender pan, y que la Tierra saque agua. Y así hice, como está dicho: «He aquí que haré llover pan para vosotros desde el Cielo» (Éxodo 16:4). «Asciende manantial, ¡Respondedle!» (Números 21:17).

גם הייתי רוצה ליתן לך חיים ואמרת לי איני רוצה אלא אמות (מחני נא מספרך וגו'), גם אמרת לי ואם בריאה יברא ה' ופ־צתה האדמה את פיה ואני מלאתי את דבריך ועשיתי חפצך שנאמר ותפתח הארץ את פיה ותבלע אותם. גם אמרתי זובח לאלהים יחרם בלתי לה' לבדו, וכשחטאו ישראל בעגל בקש־תי להקים את דברי ולא הנחת אותי ואמרת לי סלח נא לעון העם הזה, וסלחתי כדבריך.

También quise hacer esto por ti, concederte vida, y tú me has dicho: ¡No quiero! Sino moriré. También me has dicho: «Y si El Eterno creare una creación y la tierra abriere su boca» (Números 16:30). Y Yo completé tu palabra, e hice lo que deseabas, como está dicho: «Y la tierra abrió su boca y los devoró» (Números 16:32). También dije: «Quién ofreciere sacrificios a los dioses ha de morir; sólo al Eterno» (Éxodo 22:19). Y cuando los miembros de Israel pecaron con el Becerro de oro, quise cumplir mi palabra, y tú no me has dejado, y me has dicho: «Perdona, por favor, el pecado de este pueblo» (Números 14:19). Y Yo, «he perdonado conforme a tu palabra» (Números 14:20).

ולא עוד אלא התורה נקראת על שמי שנאמר תורת ה׳ תמי־
מה וקראתיה על שמך שנאמר זכרו תורת משה עבדי, ג״כ
ישראל נקראו על שמי שנאמר כי לי בני ישראל עבדים עבדי
הם, בני בכורי ישראל, וקראתים על שמך שנאמר ויזכור ימי
עולם משה עמו. ולא עוד אלא שדברתי עמך באמירה ובדי־
בור שנאמר ויאמר ה׳ אל משה, וידבר ה׳ אל משה, אף אתה
דברת עמי באמירה ובדיבור שנאמר ויאמר משה אל ה׳ ויד־
בר משה אל ה׳, אני אין לפני אכילה ושתיה ועשיתיך כיוצא
בי שנאמר ויהי שם עם ה׳ ארבעים יום וארבעים לילה לחם
לא אכל ומים לא שתה.

Y no sólo eso, sino que la Torá es llamada a mi Nombre, como está dicho: «La Torá del Eterno es íntegra» (Salmos 19:8); y la he llamado a tu nombre, como está dicho: «Recordad ahora a mi siervo Moisés» (Malaquías 3:22). También los hijos de Israel son llamados a mi

Nombre, como está dicho: «Porque los hijos de Israel son mis siervos; son siervos míos» (Levítico 25:55), «Mi hijo primogénito Israel» (Éxodo 4:22); y los he llamado a tu nombre, como está dicho: «Pero se acordó de los días de antaño, de Moisés, su pueblo» (Isaías 63:11). Y no sólo eso, sino que hablé contigo a través del dicho y la palabra, como está dicho: «Y dijo El Eterno a Moisés», «y habló El Eterno a Moisés», y también tú has hablado conmigo a través de dicho y palabra, como está dicho: «Y dijo Moisés al Eterno», «y habló Moisés al Eterno». Yo, no hay ante mí comida y bebida, y he hecho contigo algo semejante, como está dicho: «Y estuvo allí, junto al Eterno, cuarenta días y cuarenta noches, y pan no comió y agua no bebió» (Éxodo 34:28).

ג״כ אני אלהים ואתה אלהים שנאמר ראה נתתיך אלהים לפרעה, ג״כ אני יש לי נביאים ואתה יש לך נביא שנאמר ואהרן אחיך יהיה נביאך. אתה אין בריה יכולה להסתכל כנגדך שנאמר וייראו מגשת אליו וגו', אני אמרתי וראית את אחורי ופני לא יראו ובך כתיב והביטו אחרי משה.

Asimismo, Yo soy Dios, y tú eres –un hombre que alcanzó el grado de– Dios, como está dicho: «Observa, te he puesto por señor sobre el Faraón» (Éxodo 7:1). Asimismo, Yo tengo profetas, y tú tienes profeta, como está dicho: «Y tu hermano Aarón será tu profeta» (Éxodo 7:1). Y Yo, ningún ser creado puede observar en dirección a Mí, y tú: «Y tuvieron temor de acercarse a él»

(Éxodo 34:30). Yo dije: «Y verás Mi dorso, y Mi frente no será visto» (Éxodo 33:23). Y acerca de ti está escrito: «Y observaban tras Moisés» (Éxodo 33:8).

בכ״ב אותיות כבדתי את התורה ובכולן כבדתיך, שלחתיך אל .
פרעה והוצאת את ישראל ממצרים, צויתך על השבת והמילה,
נתתי לך עשרת הדברות, כסיתיך בענן, נתתי לך שני לוחות
אבנים ושברת אותם, עשיתיך יחיד בעולם, הנחלתיך תורתי,
כבדתיך משבעים זקנים. חזר משה והודה על הכל ואמר לפניו
רבש״ע גדלתני והרבה טובות עשית לי שאיני יכול לספר לספר אחת
מני אלף, וכל העולם יודעים מה שגדלתני וכבדתני, ג״כ כל
העולם יודעים שאתה ה׳ אחד יחיד בעולמך ואין זולתך ואין
דומה לך, אתה בראת עליונים ותחתונים, אתה הוא ראשון
ואתה הוא אחרון, ומי יוכל למלל גבורותיך, אלא דבר אחד אני
מבקש ממך: שאעבור את הירדן. א״ל הקב״ה למשה, משה!
שתי שבועות נשבעתי: אחת שלא תכנס לארץ ושנית שלא
אכלה את ישראל, אם רצונך שאעבור על השבועה ותכנס
לארץ ג״כ אעבור על השבועה ואכלה את ישראל. א״ל, רבש״ע
בעלילה אתה בא עלי לתפוס חבל בשני ראשיו, יאבד משה
ואלף כיוצא בו ולא תאבד נפש אחת מישראל. עוד אמר
רבש״ע מה יאמרו הבריות רגלים שדשו ברקיע וידים שקבלו
את התורה והפה שדבר עם ה׳ ימות, ואפילו הכי לא מצא
תשובה מהשי״ת. זהו משה, מה יעשו ויאמרו שאר הבריות!

Con 22 letras he glorificado a la Torá y con todas ellas te he glorificado. Te he enviado al faraón, y has sacado a Israel de Egipto. Te he ordenado respecto al Shabbat y la circuncisión. Te he otorgado los Diez Mandamientos. Te he cubierto con la nube. Te entregado dos tablas de piedra, y las has quebrado. Te he hecho único en el mundo. Te he hecho heredar mi Torá. Te he honrado más que a los 70 ancianos.

Moisés se volvió y reconoció por todo, y dijo ante el Amo del universo: me has engrandecido y me has hecho muchas bondades que no puedo contar siquiera una de mil, y en todo el mundo saben lo que me has engrandecido y me has honrado. También en todo el mundo saben que Tú eres El Eterno, uno y único en tu mundo, y no hay fuera de Ti, y no hay quién se asemeje a Ti. Tú has creado a los entes de lo Alto y los entes de lo bajo. Tú eres el primero y Tú eres el postrero. ¿Y quién puede pronunciar Tu poder? Pero una cosa solicito de ti, que pase el Jordán. El Santo, Bendito Sea, dijo a Moisés: Moisés, he jurado con dos juramentos, uno, que no entrarás en la Tierra, y el segundo, que no exterminaré a Israel; si es tu voluntad que pase por el juramento, y entras en la Tierra, también pasaré por el –otro– juramento, y exterminaré a Israel. Le dijo: Amo del universo: ¿con una acusación vienes a mí, para tomar la cuerda por ambos extremos? Que se pierda Moisés y mil como él, y no se pierda una sola alma de Israel. Dijo ante El Santo, Bendito Sea: Amo del Universo: ¿Qué dirán las personas? Los pies que pisaron el cielo, y la boca que habló con El Eterno, ¿ha de morir? E incluso así no halló respuesta de El Santo, Bendito Sea. Esto respecto a Moisés ¿Qué harán y qué dirán las demás personas?

אמר רב עשר פעמים נכתבה מיתת משה: א) הן קרבו ימיך
למות, ב) ומות בהר, ג) כי אנכי מת, ד) כי ידעתי אחרי מותי,
ה) ומשה בן מאה ועשרים שנה במותו, ו) וימת שם משה
וכו'.

Dijo Rav: diez veces fue escrito acerca de la muerte de
Moisés: 1. «He aquí se han acercado tus días para morir»
(Deuteronomio 31:14). 2. «Y muere en el monte» (Deuteronomio 32:50). 3. «Porque he de morir» (Deuteronomio 4:22). 4. «Porque sé que después de mi muerte»
(Deuteronomio 31:29). 5. «Y Moisés tenía ciento veinte
años cuando murió» (Deuteronomio 34:7). 6. «Y Moisés murió allí» (Deuteronomio 34:7). Etc.

עשר פעמים גזר הקב"ה מיתה על משה ושלא יכנס לארץ
ועדיין לא נחתם עליו גזר דין עד שנגלה עליו ב"ד הגדול
ואמר לא תעבור את הירדן הזה, ודבר זה כולו היה קל בעיני
משה ולא היה מעלה על לבו, שהיה אומר כמה פעמים חטאו
ישראל וכיון שהייתי מתפלל עליהם היה הקב"ה סולח להם
ומבטל הגזירה, אני שלא חטאתי מעודי כשאתפלל להקב"ה
לא יקבל תפילתי?! כיון שראה הקב"ה שקל בעיני משה ולא
רצה להתפלל על עצמו מיד קפץ הקב"ה וגזר וחתם עליו הדין
ונשבע בשמו הגדול שלא יכנס לארץ, שנאמר לכן לא תביאו
את הקהל הזה, כיון שראה שנחתם עליו גזר דין גזר תענית
ועמד להתפלל ואמר איני זז מכאן עד שתבטל כל הגזירה.

El Santo, Bendito Sea, decretó diez veces la muerte sobre Moisés, y que no entrará a la Tierra, y aún no se selló, hasta que se reveló sobre él el veredicto supremo, y dijo: «Porque no atravesarás este Jordán» (Deuteronomio 3:27). Y todo este asunto era leve en los ojos de Moisés, y no lo consideraba en su corazón, a tal punto que decía: varias veces –el pueblo de –Israel pecó, y debido a que oré por ellos, El Santo, Bendito Sea, los perdonaba y anulaba el decreto; y yo, que no pequé jamás, cuando orare, El Santo, Bendito Sea, ¿no aceptará mi plegaria? Ya que El Santo, Bendito Sea, vio que el asunto era leve en los ojos de Moisés, no quiso que orara. Por eso, inmediatamente El Santo, Bendito Sea, se adelantó, y decretó el juicio sobre él, y juró por su gran Nombre que no entrará a la Tierra, como está dicho: «Por eso, no traeréis a esta congregación a la Tierra que les he dado» (Números 20:12). Ya que Moisés vio que se selló sobre él la sentencia del juicio, se estableció ayuno, y se puso de pie para orar, y dijo: «No me moveré de aquí hasta que se anule todo el decreto».

מה עשה לבש שק והתפלש באפר ועמד בתפלה לפני
הקב״ה חמש עשרה פעמים עד שנזדעזעו שמים וארץ וכל
יצורי בראשית ואמרו שמא הגיע צביונו של הקב״ה לחדש
עולמו, יצאה בת קול ואמרה, לא הגיע צביונו של עולם אלא
אשר בידו נפש כל בשר איש, איש זה משה שנאמר והאיש
משה. מה עשה הקב״ה הכריז בכל הרקיעים ובכל בתי הדי־
נים של מעלה שלא יקבלו תפלות משה ואין לשום מלאך לה־
ביא לפני תפלת משה לפי שחתמתי גזר דין עליו למיתה. קרא
הקב״ה לכל שרי הרקיע בבהלה ואמר להם רדו ונעלו כל
שער ושער כדי שלא תעלה תפלת משה.

¿Qué hizo Moisés? Vistió arpillera, y se colocó ceni-
za, y se puso de pie para orar ante El Santo, Bendito Sea,
quince veces, hasta que se estremecieron los cielos y la
tierra, y todas las creaciones del Génesis, y dijeron: ¿Tal
vez ha llegado la consideración de El Santo, Bendito
Sea, de renovar su mundo? Salió el eco de una voz –celestial– y dijo: «No ha llegado su consideración de
–renovar– el mundo, sino que en su mano está el alma
de todo ser viviente y el espíritu de toda carne de hombre». «Hombre», se refiere a Moisés, como está escrito:
«Y el hombre Moisés era muy humilde» (Números
12:3). ¿Qué hizo El Santo, Bendito Sea? Pregonó en todo el Cielo, y en todos los tribunales de lo Alto, que no
recibieran las plegarias de Moisés, y ningún ángel ha de
traer ante Mí la plegaria de Moisés, porque ya he sellado
el decreto del juicio sobre él para muerte. El Santo, Bendito Sea, convocó a todos los ministros del Cielo preci-

pitadamente, y les dijo: descended y cerrad cada portal y portal, para que no ascienda la plegaria de Moisés.

באותה שעה נזדעזעו שמים וארץ וכל מוסדות הארץ ויצורי
בראשית כולם מפני תפלת משה שהיתה דומה לחרב שקורע
וחותך ואינו מתעכב, והתפלאו עליו כעין יחזקאל שנאמר
ואשמע אחרי קול רעש גדול, גדול זה משה שכתוב בו גם
האיש משה גדול מאד.

En ese momento se estremecieron los Cielos y la Tierra, y todos los cimientos de la Tierra, y las creaciones del Génesis en su totalidad, por las plegarias de Moisés, que se asemejaban a una espada que traspasaba y cortaba. Y su plegaria no tenía impedimento, como el Nombre inefable que aprendió de su maestro, el ángel Zangziel. Respecto a ese momento el profeta Ezequiel dijo: «Y oí detrás de mí una voz de estruendo grande» (Ezequiel 3:12). «Grande», se refiere a Moisés. Pues está escrito acerca de él: «También el hombre Moisés era muy grande» (Éxodo 11:3).

בשעה שראו גלגלי ושרפי מעלה שלא קבל הקב״ה תפלתו
של משה ולא נשא לו פנים ולא נתן לו חיים, מיד פתחו כולם
ואמרו ברוך כבוד ה׳ ממקומו שאין לפניו לא עולה ולא
שכחה ולא משוא פנים בין קטן בין גדול. ומנין שנתחנן משה
תקט״ו חנונין? כמנין ואתחנ״ן וג׳, אמר לפניו רבש״ע הרבה
פעמים נצטערתי בשביל ישראל עד שהיו לך עם סגולה ונח-
לה וראיתי בצרתן ולא אראה בשמחתם? הרי אני עושה תור-
תך פלסתר שכך כתיב ביומו תתן שכרו, ועכשיו היכן שכרי
של מ׳ שנה שיגעתי בשביל בניך ונצטערתי עליהם במצרים
ובים ובמדבר וקבעתי להם תורה ומצות, צרתם ראיתי וטוב-
תם איני רואה, כי תאמר לי שלא אעבור את הירדן?

Cuando los ángeles y los serafines de lo Alto vieron
que El Santo, Bendito Sea, no recibió la plegaria de
Moisés, y no tuvo favoritismo con él, y no le otorgó vida, inmediatamente abrieron todos y dijeron: bendita la
Gloria del Eterno en su lugar, que no hay delante de Él
perversión, y tampoco olvido, y tampoco favoritismos,
ni con el grande ni con el pequeño. ¿Y de dónde se sabe
que Moisés imploró 515 veces como el valor numérico
de «e imploré –vaetjanan»? Dijo ante Él: Amo del universo: muchas veces me he afligido por Israel para que
sean para ti un pueblo elegido, y una heredad, y he visto
la aflicción de ellos, ¿y no veré la alegría de ellos? He
aquí yo hago que tu Torá sea infiel, pues está escrito:
«En su día le darás su paga» (Deuteronomio 24:15). Y
ahora, ¿dónde está mi paga por los 40 años que me esforcé por tus hijos, y me afligí por ellos en Egipto, y en

el desierto? ¿Y la Torá y los preceptos que establecí para
ellos? He visto la aflicción de ellos, ¿y no veré el bien
de ellos? ¿Y me dices que no pasaré el Jordán?

מארבעים שנה ועד עכשיו לא הייתי מורה הוראה ויושב בי־
שיבה? מיד התחיל הקב״ה לפייסו, א״ל בני משה! הרבה
מתוקן לך לעוה״ב שתשבע מכל מיני ג״ע ועדניו שנאמר להנ־
חיל אוהבי יש ואוצרותיהם אמלא, אלו הצדיקים המקיימים
את התורה מאהבה.

Desde –el inicio de– los 40 años y hasta ahora, ¿no
fui enseñador de leyes y estuve sentado en la casa de estudio? Inmediatamente El Santo, Bendito Sea, comenzó
a consolarlo. Le dijo: ¡Moisés! ¡Hijo mío! Hay mucho
preparado para ti en el Mundo Venidero, y te saciarás de
todo tipo de –deleites del– Jardín del Edén y sus deli-
cias, como está dicho: «Poseo para hacer heredar a los
que me aman; y sus depósitos llenaré» (Proverbios 8:21).
Se refiere a los justos que cumplen la Torá por amor.

אמר שמואל אלו שלש מאות ועשר עולמות של עוה״ב שע-
תיד הקב״ה ליתן לכל צדיק וצדיק כמנין י״ש. אמר לו הקב״ה
משה! ימיך בטלים ואורך אינו בטל, שלא תהא צריך לעולם
הבא לא לאור החמה ולא לאור הלבנה וכוכבים ולא אכילה
ושתיה ולא כסות ומלבוש ולא שמן לראשך ולא מנעלים לר-
גליך, שאני בכבודי מאיר לך, ומכבודי אשים לבושך ומהדרי
אשים כסותך, ומזהרי אטהר פניך, וממתקי ארוה גרונך,
וממרכבות רכובי אשים רכוביך, ומשרביט שלי שחקוק עליו
שם המפורש שבו בראתי העולם תחלה, ממנו נתתי לך דוג-
מא בעוה״ב. שרביט שלי אחד משמונת אלפים ושבע מאות
וששים רבוא מאותו של
עוה״ב.

Dijo Shmuel: se refiere a los 310 mundos que en el
mundo futuro El Santo, Bendito Sea, dará a cada justo.
El Santo, Bendito Sea, le dijo a Moisés: tus días se anu-
lan y tú luz no se anula. Porque en el Mundo Venidero
no necesitarás la luz del Sol ni la luz de la Luna y las estrellas, ni comida y bebida, y tampoco ropa y vestimentas, ni aceite para tu cabeza, ni zapatos para tus pies,
porque Yo con mi gloria te alumbraré, y de mi gloria te
daré vestimenta, y de mi esplendor te daré tu ropa, y de
mi brillo iluminaré tu rostro, y de mi fuente humectaré
tu garganta, y de mis carruajes dispondré tu carruaje, y
–te daré para el Mundo Venidero– de mi cetro en el que
está grabado el Nombre inefable con el que he creado el
mundo al comienzo, que de él te he dado un cetro mío
semejante en este mundo, –de una equivalencia de–

uno de ocho mil setecientas sesenta decenas de miles del Mundo Venidero.

א״ל הקב״ה בעוה״ז עשיתי הרבה אותות ומופתים ועל ידך הוצאתי את ישראל ממצרים וקרעתי להם הים והמטרתי להם המן והפכתי מי מרה למתוק ונתתי להם תורה ומצות כנגד אברי האדם וכנגד ימות השנה, ומלחמות נצחתי על ידך, דייך רב לך! הגיע יומו של יהושע לפרנס את ישראל ועתיד אני לכתוב ע״י שלמה תלמידך וזרח השמש ובא השמש. אמר משה רבש״ע אם איני מפרנס את ישראל יכנסו בני תחתי או בני אהרן אחי ימלאו מקומי, אמר הקב״ה והוא (יהושע) ינחיל אותם את הארץ.

El Santo, Bendito Sea, le dijo: en este mundo he hecho muchas señales y maravillas, y a través de ti he sacado a Israel de Egipto, y he partido para ellos el mar, y he hecho llover para ellos el maná, y he convertido las aguas de Mará en dulces, y les he dado la Torá y los preceptos, en correspondencia con los miembros de la persona, y en correspondencia con los días del año, y los he hecho triunfar en las batallas a través de ti. ¡Basta para ti Moisés! ¡Suficiente! Ha llegado el día de Josué para liderar a Israel. Y en el futuro Yo he de escribir a través de tu alumno Salomón: «Y brilla el Sol y se pone el Sol» (Eclesiastés 1:5). Dijo Moisés: Amo del universo: si yo no lidero a Israel, entren por mí mis hijos, o los hijos de mi hermano Aarón, y que ocupen mi lugar. Dijo El Santo, Bendito Sea: Y él les hará heredar la Tierra –de Israel–.

כיון שראה שנגזרה גזירה עליו מיד וילך משה וידבר אליהם,
מכ"ב בתשרי עד א' בשבט תשעים וחמשה ימים ובזמן הזה
אמר לו הקב"ה עשר פעמים שימות, והיה ממתין עד אחד
בשבט, ואז הלך וקרא לכל ישראל, ופירש את התורה
לששים רבוא בשבעים לשון שנאמר באר היטב וגו'. ומנין
שבאחד בשבט באר משה התורה לישראל? שנאמר ויהי
בארבעים שנה בעשתי עשר חדש באחד לחדש דבר משה,
מאחד בשבט עד ז' באדר ל"ו ימים ובאותם ימים פירש התו-
רה לישראל, בשבעה באדר נפטר, ובאותו יום שמת היה
יודע, שהיתה בת קול יוצאת ואומרת הזהר משה בעצמך
שאין לך חיים בעולם כ"א היום הזה לבד.

Ya que vio que el decreto fue decretado sobre él, inmediatamente: «y fue Moisés», y les habló desde el día
21 de –el mes hebreo– Tishrei, hasta el día 1 de –el mes
hebreo– Shvat, 95 días. Y –en ese tiempo– El Santo,
Bendito Sea, le dijo 10 veces que moriría. Y esperó hasta el 1 de Shvat, y entonces fue y llamó a todo Israel, y
les explicó la Torá a 600.000 en 70 lenguas, como está
dicho: «Explicó bien –baer eitev– […]» (Deuteronomio
27:8). Y está dicho: «Y Moisés fue y habló […]» (Deuteronomio 31:1). ¿Y de dónde se sabe que el 1 de Shvat
Moisés explicó bien la Torá a Israel? Como está dicho:
«Y aconteció a los cuarenta años, en el undécimo mes,
el primero del mes, que Moisés habló a los Hijos de Israel, conforme a todo lo que El Eterno le ordenó acerca
de ellos» (Deuteronomio 1:3). Desde el 1 de Shvat hasta el 7 de Adar hay 36 días, y en esos días explicó la

Torá a Israel. El 7 de Adar falleció. Y en ese día en que fallecería sabía que saldría un eco de una voz –celestial– que diría: Moisés, sé precavido, porque no tienes vida en el mundo, sino únicamente este día.

אמר ר׳ חלבו באותו יום שמת מרע״ה כתב י״ג תורות, ספר תורה לכל שבט ושבט ועדיין לא הגיע חצי היום, אח״כ קרא לכל שבט ושבט ונתן להם התורה והמצות ואותו ס״ת (הי״ג) מובחר שבכולן הניחו בצד הארון, והזהירם והוכיחם לכל אחד ואחד בפני עצמו, אנשים לבד ונשים לבד ואמר להם הזהרו בכבוד התורה והמצות, ויש אומרים שירד גבריאל ונטל ספר תורה מידו של משה והעלה אותו לב״ד הגדול של מעלה להודיע צדקתו של משה, והיה מוליכו בכל רקיע ור־ קיע שנאמר צדקת ה׳ עשה ומשפטיו עם ישראל, ולא עוד אלא שנשמתן של צדיקים קורים בספר תורה של מרע״ה בשני ובחמישי ובמועדים.

Dijo Rabí Jelvo: ese día que nuestro maestro Moisés, que la paz esté con él, murió, escribió los 13 atributos de misericordia. Y Moisés envío libros a cada tribu y tribu; y aún no había llegado el mediodía. Y después, llamó a cada tribu y tribu, y les dio la Torá y los preceptos. Y a ese libro de la Torá más selecto de todos, lo dejó junto al arca, y les advirtió y les regañó, a cada uno y uno en forma individual, a los hombres aparte, y a las mujeres aparte, y les dijo: sed cuidadosos con el honor de la Torá y los preceptos. Y hay quien dijo que descendió –el ángel– Gabriel y tomó la Torá de la mano de

Moisés, y lo subió al Tribunal Supremo de lo Alto para informar de la rectitud de Moisés. Y lo llevaba por cada Cielo y Cielo, como está dicho: «Hizo la justicia de El Eterno, y Sus ordenanzas con Israel» (Deuteronomio 33:21). Y no sólo eso, sino que las almas de los justos leen del libro de la Torá de nuestro maestro Moisés, que la paz esté con él, los días segundo y quinto –de la semana–, y en las festividades.

א״ר יאשיה באותה שעה עשה משה ליהושע כבוד גדול ופאר רב בפני בני ישראל, והיה כרוז יוצא מלפניו בכל מחנה יש־ראל לאמר בואו ושמעו דברי הנביא החדש שיקום עלינו היום. עלו כל ישראל לכבודו של יהושע, ואח״כ צוה משה להביא כסא של זהב ועטרה של מרגליות וכובע של מלכות ולבוש ארגמן, והיה משה עומד ומסדר ומעריך מערכות וספ־סלים של סנהדרין ושל ראשי גדודין ושל כהנים, ואח״כ הלך משה אל יהושע והלבישו ונתן עליו העטרה והושיבו על כסא של זהב והעמיד עליו מתורגמן לדרוש בפני כל ישראל, ומי היה המתורגמן? כלב בן יפונה.

Dijo Rabí Ioshía: en ese momento, Moisés dio gran honor a Josué, y gran esplendor ante Israel, y salía un heraldo ante él en todo el campamento de Israel diciendo: venid y oíd las palabras del nuevo profeta que se levantó sobre nosotros hoy. Todo Israel ascendió en honor de Josué. Y después, Moisés ordenó traer el trono de oro, y la corona de perlas, y el sombrero del reinado, y la vestimenta púrpura. Y Moisés estaba de pie y ordenaba y disponía los órdenes, y los bancos del Sanhedrín, y los líderes de las legiones de sacerdotes. Y después, Moisés se dirigió a Josué y lo vistió, y puso sobre él la corona, y lo hizo sentar en el trono de oro, y estableció para él un intérprete para que disertara ante todo Israel. ¿Y quién era el intérprete? Kalev hijo de Yefune.

ויהושע דורש בפני כל ישראל ובפני משה רבו, ומהו המדרש שדרש יהושע? עורו רונו שמי השמים העליונים, העידו מוס־ דות הארץ התחתונים. עורו וסלסלו סדרי בראשית, עורו והרנינו הררי עולם והללו גבעות אדמה, עורו ופצחו צבאות רקיע ושירו וספרו כל אהלי יעקב, שירו כל משכנות ישראל, שמעו והאזינו כל אמרי, שימו לבבכם לכל דברי, קבלו בשמ־ חה עליכם ועל נפשותיכם מצות אלהיכם, פתחו פיכם ולשונ־ כם ותנו כבוד לאל מושיעכם ותהיו מודים לפני אדוניכם ותנו עליו בטחונכם, כי הוא אחד ואין שני לו ואין כמותו באלהים ואין כערכו במלכים ואין זולתו באדונים, אשר לשבחו אין קץ ולתהלתו אין אחרית וסוף, לנפלאותיו אין חקר ואין מספר לעלילותיו, והוא ישמור לנו שבועת אבותינו ויקיים לנו הב־ רית והחסד והשבועה אשר נשבע להם ע״י משה רבינו, אשר גמלנו ברוב פלאים ושהוציאנו מעבדות לחרות, ושקרע לנו את הים, ושנתן לנו תרי״ג מצות.

Y Josué disertaba ante todo Israel, y ante su maestro Moisés. ¿Y qué disertaba Josué? ¡Despertad! ¡Alabad! Cielos de los Cielos supremos. Despertad cimientos de la tierra de lo bajo. Despertad y ensalzad órdenes del Génesis. Despertad y alabad montes del mundo. Alabad colinas de la Tierra. Despertad y abrid –con alabanza– legiones de los Cielos. Cantad y contad, toda la tienda de Jacob. Cantad, todos los poblados de Israel. Cantad y haced oír todos los dichos de vuestros corazones. Disponed vuestros corazones en todo asunto. Recibid con alegría sobre vosotros y sobre vuestras almas los preceptos de vuestro Dios. Abrid con vuestras bocas, y con vuestras lenguas, y dad honor a Dios, vuestro Salvador, y reconoced ante vuestro Señor, y poned vuestra confianza en Él, porque Él es uno, y no hay segundo para Él. No hay como Él entre los dioses, y no hay grado como el de Él en los ángeles, y no hay más que Él entre los señores. Porque no hay término para su ensalzado, y para su alabanza no hay final ni fin, y para sus maravillas no hay límite, y no hay número para sus obras, para que conserve para nosotros los juramentos a nuestros patriarcas, y cumpla para nosotros el pacto, y la bondad, y el juramento con que les juró, a través de nuestro maestro Moisés, que nos redimió con grandes maravillas y nos sacó de la esclavitud a la libertad, y dividió para nosotros el mar, y nos entregó los 613 preceptos.

אמר משה ל״ו שנה היה יהושע משרת אותי במדבר שנאמר
ומשרתו יהושע בן נון נער, וכשהגיע גזרה של משה וא״ל
הקב״ה הן קרבו ימיך למות קרא את יהושע, ויצו את יהושע,
היה משה הצדיק דן מעצמו ואומר שמא מפני שהגיעה שעת
יהושע תלמידי אני מת, שהוא עתיד לפרנס את ישראל ול־
בוא בראשם, ובשביל זה היה עלי גזר דין שלא אכנס לארץ
ולא לאכול מפירותיה, אבל מוטב שאחיה ויהיה יהושע פרנס
ואני נכנס לא״י. מה עשה משה?

Dijo Moisés: Josué me sirvió en el desierto durante
36 años, como está dicho: «Y el joven, Josué hijo de
Nun, su asistente, no se apartaba del interior de la Tienda» (Éxodo 33:11). Y cuando llegó el decreto de Moisés,
y El Santo, Bendito Sea, le dijo: «He aquí se han acercado tus días para morir» (Deuteronomio 31:14), llama a
Josué, y ordena a Josué, Moisés el justo, hacía un juicio
sobre sí mismo: tal vez yo muero por mi discípulo Josué, porque ha llegado su momento; porque él en el
futuro liderará a Israel, y vendrá a la cabeza de ellos, y
por eso fue decretado sobre mí que no entraré a la Tierra
y no comeré de sus frutos. El pago de ella para mí, ¿para
qué, si mis pies no pisarán la tierra de Israel? Es mejor que viva, y que Josué sea el dirigente, y yo entraré en
la tierra de Israel. ¿Qué hizo Moisés?

מאחד בשבט עד ששה באדר היה הולך שחרית וערבית ומ־
שמש ליהושע כתלמיד לרב, ואותם ל״ו יום עלו למשה יום
לשנה. כיצד היה משה משמש את g ונוטל חלוק ומנערה
ומניחה אצל מראשותיו, ונוטל מנעליו ומתקנן ומניחן בצדי
המזבח, ונוטל טליתו וכסותו וסודרו וכובע של זהב ועטרת
מרגליות ומבחינן ומצרפן ומזקקן ומסדרן לפניו על סילון של
זהב.

Desde el 1 de Shvat hasta el 6 de Sivan, iba en la
mañana y en la tarde, y servía a Josué como un discípulo a su maestro. Y esos 36 días le fueron considerados a
Moisés cada día por un año. ¿Cómo servía Moisés a Josué? Cada día Moisés estaba de pie desde la mediano-
che, e iba a la entrada –de la tienda– de Josué, y tomaba
la llave, y abría la puerta, y entraba, y tomaba la vestimenta, y la sacudía, y la colocaba junto a su cabecera, y
tomaba sus zapatos, y los acondicionada, y los colocaba
junto a la cama. Y tomaba su capa, y su vestido, y su
pañuelo, y su sombrero de oro, y a la corona de perlas,
y los examinaba, y limpiaba, y preparaba, y los ordenaba
sobre el trono de oro.

שוב היה מביא קיתון של מים וקערה של זהב ומניחן על
הסילון, ועדיין יהושע לא היה נעור משנתו, ואח״כ היה מצוה
משה לנער ולכבד בית אהלו של יהושע כעין אהלו של משה,
ומכניס כסא הזהב, ופורש סדין של בוץ וסדין של מילת, ומ־
סדר כלים יקרים ונאים שלו כמנהג המלכים. ואחר כך היה
יוצא כרוז: משה עומד באהלו של יהושע ואומר כל המבקש
להקביל פניו של יהושע יבא ויקביל, שנפל דבר ביהושע מאת
ה׳ להיות פרנס על ישראל.

Nuevamente traía una vasija de agua y una bandeja
de oro, y los colocaba ante el trono. Y aún Josué no
se despertaba. Y después, Moisés ordenaba al criado que
limpiase la tienda de Josué como la tienda de Moisés. Y
enviaba e introducía el trono de oro. Y extendía un lienzo de lino, y un lienzo de batista, y acomodaba todos
sus utensilios valiosos como es la costumbre de los reyes.
Y después hacía salir un heraldo, y Moisés estaba de pie
en la tienda de Josué, y decía: todo el que desea presentarse ante Josué, venga y se presentará. Porque el asunto
ha recaído en Josué –proveniente– de El Santo, Bendito
Sea, de que sea el dirigente de Israel.

באותה שעה כל יחיד ויחיד שבישראל שהיה שומע הכרוז היה מפחד ומזדעזע ואומר אני חושש בראשי כדי שלא ילך, ובוכה אוי לך ארץ שמלכך נער! ובת קול אומרת כי נער יש־ראל ואוהבהו, גם הארץ פתחה פיה ואמרה נער הייתי גם זקנתי, ומתקבצים זקני ישראל וכל שרי הגדודים וראשי השׁ־בטים ושרי האלפים והמאות והעשרות. כשבאו אצל משה היה מושיב כל אחד ואחד לפי גדולתו, וכיון שרואה משה שיהושע נעור משנתו היה נכנס ונוטל חלוקו ונותנה לו בידו, כיון שהיה יהושע מכיר בו היה מתבייש ונוטל חלוקו ומכסה גופו ולובש בזעזעות נפשו ונופל על רגליו של משה ואומר לו

אל תהרגני רבי בחצי ימי מפני השררה שבאה עלי מאת הקב״ה, אמר לו משה בני אל תתיירא אין לך עון בזה, במדה שמדדת לי אמדד לך ששמשתני בסבר פנים יפות כך שמש־תיך תלמידי, ואהבת לרעך כמוך, לא כך שניתי לך יהי כבוד תלמידך חביב עליך כשלך (איזה דברים נשנו פה באופן אחר מאשר בתחלת המאמר, ונראה כי מאמרים שונים נתערבו פה ונתחברו יחד), לסוף הניחו ליהושע עד שישב על סילון של זהב כדרך מלכי העולם, ועל כרחו עמד לו ומשמשו לכל צרכו ועל כרחו הניח עליו קרני ההוד למעלה מכולם.

En ese momento, cada persona y persona de Israel que escuchaba al heraldo, temía y se estremecía, y decía: «a mí me duele la cabeza», para no ir. Y lloraba y decía: ¡Ay de ti —pueblo— que su rey es un muchacho! Y el eco de una voz —celestial— decía: «Cuando Israel era muchacho, lo amé» (Oseas 11:1). También la tierra abrió su boca y dijo: «Fui muchacho, también he envejecido» (Salmos 37:12). Y se reunían los ancianos de

Israel, y todos los ministros de las legiones, y los líderes de las tribus, y los líderes de miles, y de centenas, y de decenas. Y cuando venían junto a Moisés, Moisés los ordenaba, y los hacía sentar a cada uno y uno según su grado. Y cuando Moisés veía que Josué se había despertado, entraba, y tomaba su túnica, y se la entregaba en su mano. Cuando Josué lo reconocía, se avergonzaba, y tomaba su túnica, y cubría su cuerpo, y se vestía con estremecimiento del alma, y caía a los pies de Moisés, y le decía: «Mi maestro, no me mates en la mitad de mis días, por el poder, que ha venido a mí de ante El Santo, Bendito Sea». Moisés le dijo: Hijo mío, ¡no temas! No hay en ti pecado por esto. Con esa medida con la que me has medido, te mediré a ti. Porque me has servido con rostro agradable y bueno. Así te he de servir. Te he enseñado: «Amarás a tu prójimo como a ti mismo» (Levítico 19:18). ¿Acaso no te he enseñado así? «Sea el honor de tu alumno apreciado por ti como el tuyo». Finalmente, no lo dejó a Josué hasta que se sentó sobre el trono de oro como es usual en los reyes del mundo. Y por la fuerza estuvo de pie junto a él, y le servía en todas sus necesidades. Y por la fuerza dispuso sobre él la irradiación del resplandor de lo Alto por sobre todos.

והיה מצוי אצלו זנגזיאל המלאך רבו וסופר על כל בני מרום,
בשעה שסיים עמו כל סתרי תורה. כיון שנתעטף יהושע יפה,
באו ואמרו כל ישראל מאחרים לכם, מיד תפש משה את
יהושע והוציאו מתוך אהלו. כיון שראו ישראל את יהושע
הולך בראש נזדעזעו כולם ועמדו על רגליהם והלכו שניהם
עד מקום גדולים אצל הזהב והושיבו עליו בעל כרחו. כשראו
ישראל כך בכו כולם וגם יהושע בכה ואמר גדולה וכבוד ולמה
לי? יצאה בת קול ואמרה למשה אין לך חיים אלא חמש
שעות בלבד, מיד צעק משה ואמר ליהושע שב כמלך בפני
העם, ודרשו שניהם כאחד בפני כל ישראל, ונדמה להם פני
משה כפני חמה ופני יהושע כפני לבנה. משה קורא ויהושע
מפרש מקרא שהיה משה קורא ויהושע קורא ומשה מפרש
ולא היה עליהם חלוקה זה על זה, ונמצאו דבריהם מכוונים
כאחד, ודומים כחרוזי מרגליות של מלכים.

Y estaba junto a él el ángel Zangziel, que era su maestro y escriba, por sobre todos los miembros de lo Alto,
cuando culminó con él todos los secretos de la Torá.
Cuando –Josué– se cubrió bien, vinieron y les dijeron:
«Todos los de Israel os aguardan». Inmediatamente
Moisés tomó a Josué y lo hizo salir del interior de su
tienda. Cuando ambos llegaron a la entrada de la Tienda –de reunión–, Moisés lo condujo ante él por la fuerza. Cuando los de Israel vieron que Josué iba a la cabeza
se estremecieron todos y se pusieron de pie, y ambos
marcharon hasta el lugar de los grandes, junto al trono
de oro, y lo hizo sentar por la fuerza. Cuando los hijos de Israel vieron eso, todos lloraron, y también Josué

lloró y dijo: «Grandeza y honor para mí, ¿para qué?».
Salió el eco de una voz –celestial–, y dijo a Moisés: «No
tienes más vida, sino 5 horas solamente». Inmediatamente Moisés clamó, y dijo a Josué: «¡Siéntate como un
rey ante el pueblo!». Y ambos disertaron ante todo Israel
como uno. El rostro de Moisés era como la faz del Sol,
y el rostro de Josué como la faz de la Luna. Moisés
enunciaba versículos y Josué explicaba los versículos que
Moisés enunciaba; y no había diferencias entre ambos
en este asunto. Las palabras de ambos estaban en con-
cordancia única, como perlas de –collares de– reyes.

ועליהם אמר שלמה דברי חכמים כדרבונות וגו' היושבים
בגנים וגו'. ועדיין היו יושבים יהושע וישראל לפני משה,
יצאה בת קול ואמרה אין לך חיים אלא ד' שעות, אמר משה
לפני הקב"ה רבון העולמים אם מפני תלמידי אתה דוחה אותי
אני נוהג כתלמיד לפניו, הוא ככהן גדול ואני ככהן הדיוט,
הוא כמלך ואני כעבד. אמר הקב"ה נשבעתי בשמי הגדול
ששמים ושמי השמים לא יכלכלוהו שלא תעבור את הירדן
הזה.

Acerca de ellos dijo el rey Salomón: «Las palabras de
los sabios son como aguijones […]» (Eclesiastés 12:11),
para los que se sientan en los jardines. Y aún estaban
sentados Josué e Israel ante Moisés, y salió el eco de una
voz –celestial–, y dijo: «No tienes más vida, sino 4 horas
solamente». Moisés dijo ante El Santo, Bendito Sea:
Amo de los mundos: si Tú me desplazas por mi discípu-

lo, yo me comporto como discípulo ante él. Él es como el sumo sacerdote, y yo, como un sacerdote simple. Él es como un rey, y yo, como un siervo. El Santo, Bendito Sea, dijo: «He jurado por mi gran Nombre que, «los Cielos y los Cielos de los Cielos no pueden contenerlo», que no pasarás este Jordán».

אמר משה רבון העולמים תן לי רשות ואהיה כעוף הפורח
באויר בכח שם המפורש, או עשה אותי כדג ואשא שתי זרו־
עותי כשני סנפירים וכל שערותי הפך אותם כקשקשים ואק־
פוץ אל הירדן ואראה את הארץ, א״ל הקב״ה אם נעשה לך
כך הרי אני עובר על השבועה, א״ל רבש״ע הניחני על כנפי
העננים כשיעור ג׳ פרסאות למעלה מן הירדן ויהיו עננים מל־
מטה ואני מלמעלה ואראה את כל הארץ, א״ל חשוב עלי
כאלו עברתי על שבועתי.

Moisés dijo: «Amo de los mundos: otórgame permiso y seré como un ave que vuela por los aires con el poder del Nombre inefable; o hazme como un pez y llevaré mis dos brazos como dos aletas, y a todo mi cabello lo tornaré como escamas, y saltaré al Jordán, y veré a la Tierra. El Santo, Bendito Sea, le dijo: «Si te hiciera así, estaré pasando por el juramento».

אמר לפניו רבש״ע חתוך אותי אבר אבר והשליכני אחר היר־
דן והחייני ואראה את הארץ, א״ל הרי הוא כאלו עברתי על
שבועתי, א״ל הראני את הארץ במראית עין, א״ל בדבר הזה
אני שומע לך שנאמר כי מנגד תראה את הארץ ושמה לא
תעבור, והראהו הקב״ה את הארץ ד׳ מאות פרסה על ד׳ מאות
פרסה כשיעור ערוגה בתוך פרדס, ונתן כח בעיניו כדי שירא־
נה כולה, הטמון בגבוה והסתר בגלוי והרחוק בקרוב כדי שי־
ראנה כולה, וא״ל זאת הארץ אשר נשבעתי לאברהם וגו׳.

Le dijo: «Amo del universo: déjame sobre las alas de las nubes como la medida de 3 parasangas sobre el Jordán, y las nubes estarán por debajo, y yo arriba, y veré a toda la Tierra». Le dijo: «Se considerará sobre mí como si hubiera pasado por mi juramento». Dijo ante Él: «Amo del universo: córtame miembro por miembro y arrójame tras el Jordán, y hazme vivir, y veré a la Tierra». Le dijo: «Es como si pasara por mi juramento». Le dijo: «Muéstrame la Tierra a través de la visualización del ojo». Le dijo: «En esto te escucho». Como está dicho: «Porque de lejos verás la Tierra, y allí no vendrás» (Deuteronomio 32:52). Y El Santo, Bendito Sea, le mostró la Tierra, 400 parasangas por 400 parasangas, como la medida de una parcela en el interior de un huerto. Y le dio poder en sus ojos para verla íntegra, lo oculto, sus altitudes, lo secreto en forma revelada, lo que estaba lejos, cerca, para que la viera completa. Y le dijo: «Ésta es la Tierra que he jurado a Abraham [...]» (Deuteronomio 34:4).

עד כאן עלתה לו שעה, יצתה ב״ק ואמרה לא תצטער עצמך
שאין לך חיים בעוה״ז אלא ג׳ שעות, אמר משה רבש״ע הני-
חני אצל בני גד ובני ראובן ותהי נפשי כאחד מהם, ויהושע
ימלוך ויכנס לא״י עם ישראל, א״ל הקב״ה רוצה אתה לעשות
תורתי פלסתר שכתוב בה שלש פעמים בשנה יראה כל זכורך
וגו׳, כשיראו ישראל שאינך עולה לרגל מה יאמרו, ומה משה
שנתנה תורה ומצות על ידו אינו עולה לרגל אנו עאכו״כ,
נמצא אתה מבטל מצותי, ועוד כתבתי על ידך מקץ שבע
שנים במועד שנת השמיטה בבוא כל ישראל לראות את פני
ה׳ אלהיך, אתה מבטל שעתו של יהושע בפני כל ישראל,
כשיהיה יהושע דורש בחג לעיני כל ישראל מה ישראל אומ-
רים עד שאנו לומדים תורה מפי התלמיד אנו הולכים לשמוע
מפי הרב ולומדים ממנו, ונמצא אתה מאבד תורתי.

Hasta aquí le fue propicio el momento. Salió el eco de una voz –celestial–, y dijo: «No te aflijas a ti mismo, porque no tienes más vida en este mundo, sino 3 horas solamente». Moisés dijo: «Amo del universo: déjame junto a los hijos de Rubén y los hijos de Gad, y mi alma sea como uno de ellos, y Josué reine e introduzca al pueblo de Israel a la tierra de Israel». El Santo, Bendito Sea, le dijo: «¿Tú quieres hacer a mi Torá infiel? Porque está escrito en ella: «Tres veces al año verá todo hombre […]» (Éxodo 23:17). Cuando los miembros de Israel vean que tú no asciendes a la festividad, ¿qué dirán? Si Moisés, que la Torá fue entregada a través de él, y los preceptos, no asciende a la festividad, nosotros con más razón. Resulta que tú anulas mis preceptos. Y, además, he escrito a través de ti: «Al cabo de siete años, en el tiempo del año de remisión, durante la Fiesta de las Cabañas, al venir todo Israel a presentarse ante El Eterno, tu Dios, en el lugar que ha de elegir, leerás esta Torá ante todo Israel, a oídos de ellos» (Deuteronomio 31:10–11). He aquí que tú anulas el tiempo de Josué ante todo Israel. Pues, cuando Josué diserte en la festividad ante los ojos de todo Israel, ¿qué dirán los hijos de Israel? En vez de estudiar y escuchar Torá del discípulo, vayamos a escuchar de boca del maestro y aprendamos de él. Y resulta que haces perder mi Torá».

עד כאן עלתה לו שעה אחת, יצתה ב״ק ואמרה לו משה
משה! עד מתי אתה מצער עצמך שאין עוד אלא ב׳ שעות.
וסמאל ראש לשטנים היה מצפה מתי תגיע שעה שיפטר
משה אולי יקבל נשמתו כשאר בני אדם, כאדם המצפה לש־
מחה גדולה, כיון שראה מיכאל שר ישראל את ס״ם הרשע
שהיה מצפה למיתת משה הרים קולו ובכה, והיה ס״ם שמח
וצוחק, א״ל מיכאל, רשע! אני בוכה ואתה צוחק! ויש אומ־
רים שאמר לו הפסוק אל תשמחי אויבתי לי כי נפלתי קמתי,
נפלתי במשה וקמתי בגדולתו של יהושע, בשעה שנפלו בידי
ל״א מלכים. כי אשב בחשך זה חורבן בית ראשון ובית שני,
ה׳ אור לי בימות המשיח. ע״כ עלתה לו שעה אחת, יצתה
ב״ק ואמרה לו אין לך חיים בעוה״ז אלא שעה אחת, א״ל
רבש״ע הנה אותר ואפרח כעוף הפורח בד׳ רוחות העולם
ומלקט מזונותיו על הארץ ושותה מים מהנהרות ולערב חוזר
לקנו, א״ל הקב״ה רב לך. א״ל רבש״ע הצור תמים פעלו! ונתן
קולו בבכי ובכה ואמר למי אלך שיבקש עלי רחמים, הלך לכל
מעשי בראשית ואמר להם בקשו עלי רחמים, אמרו לו על
עצמנו אין אנו יכולים לבקש רחמים ככתוב את הכל עשה
יפה בעתו ולבסוף כתיב הכל הולך אל מקום אחד, וכתיב כי
שמים כעשן נמלחו והארץ כבגד תבלה, על אחרים עאכו״כ.

Hasta aquí le fue propicia una hora. Salió el eco de
una voz –celestial– y le dijo: «¡Moisés! ¿Hasta cuándo te
afliges a ti mismo? Porque no tienes para ti sino 2 horas
solamente». Y –el ángel del mal– *Samej Mem*, que es el
líder de los acusadores, esperaba cuándo llegaba la ho-
raen que Moisés falleciera, pues, tal vez recibiría su alma
como las de las demás personas. Y esperaba como una

persona que espera una gran alegría. Cuando –el ángel–
Mijael, el ministro de Israel, vio que el malvado acusador
Samej Mem esperaba por la muerte de Moisés, alzó su
voz y lloró. Y *Samej Mem* se alegraba y reía. Mijael le
dijo: «¡Malvado! Yo lloro, ¿y tú te ríes?». Y hay quien dice
que le dijo el versículo: «No te alegres de mí, enemiga
mía, pues, aunque he caído, me he de levantar; aunque
estuviere en la oscuridad, El Eterno será luz para mí»
(Miqueas 7:8). He caído con Moisés, y me he de levantar con la grandeza de Josué, cuando cayeron en sus manos 31 reyes. «Aunque estuviere en la oscuridad». Se refiere a la destrucción del primer Templo y el segundo
Templo. «El Eterno será luz para mí». En los días del
Mesías. Hasta aquí le fue propicia una hora. Salió el eco
de una voz –celestial–, y le dijo: «No tienes más vida en
este mundo, sino 1 hora». Moisés dijo ante Él: «Amo del
universo: «Sé indulgente y volaré como un ave que vuela
por los cuatro flancos del mundo, y recoge su alimento
en la tierra, y bebe agua de los ríos, y por la tarde vuelve
a su nido». El Santo, Bendito Sea, le dijo: «¡Suficiente
para ti!». Dijo ante Él: «Amo del universo: «Él es la Roca,
cuya obra es perfecta» (Deuteronomio 32:4). Alzó su voz
en llanto y lloró y dijo: «¿A quién iré para que pida misericordia por mí?». Fue a toda la obra del Génesis y les
dijo: «Pedid misericordia por mí». Le dijeron: «Por nosotros no podemos pedir misericordia, como está escrito:
«A todo lo hizo bello en su tiempo» (Eclesiastés 3:11), al
final está escrito: «Todo va a un lugar» (Eclesiastés 3:20),

y está escrito: «Porque los Cielos serán disgregados como humo, y la tierra se deteriorará» (Isaías 51:6), a otros, cuánto más y más».

כיון שראה משה שאינו יכול להמלט מהמיתה קרא ליהושע בפני כל ישראל ואמר לו בני! ראה את כל העם הזה עם ה' אני מוסר לך, ותינוקותיהם שעדיין לא התעסקו במצות הזהר בהם, שלא תאמר להם דבר שאינו הגון, שהם בניו של הקב"ה וקראם בני בכורי ישראל, ואהבם מכל אומה. באותה שעה אמר הקב"ה ליהושע, יהושע! משה רבך הניחך ואתה הוא במקומו, טול מקל והך על קדקוד של הממאן לשמוע אליך, אל תמנע מנער מוסר, כי נער ישראל ואוהבהו. אמר יהושע משה רבי מה תהי עלי, שמא אתן להם נחלה בהר והם אומרים תן לנו בשפלה, א"ל מרע"ה אל תירא כי הקב"ה הב־ טיחני שישים שלום בחלוק הארץ, א"ל משה כל ספקות שיש לך לשאול שאל ממני עתה שאני ניטל ממך ולא תראני עוד, א"ל רבי היכן הנחתיך בין ביום ובין בלילה שיש לי לטעות? ומפני שלא שאל אז נשתכחו ממנו ג' אלפים הלכות קלות וחמורות, ובבית מדרשו של יעבץ התירו כל הספקות.

Cuando Moisés vio que no podía salvarse de la muerte, llamó a Josué ante todo Israel y le dijo: «hijo mío, he aquí yo te entrego a todo este pueblo con El Eterno, y los niños pequeños, que aún no se han ocupado de los preceptos, sé cuidadoso con ellos, en no decirles algo que no es apropiado. Porque ellos son hijos de El Santo, Bendito Sea, y Él los ha llamado «mi hijo primogénito Israel» (Éxodo 4:22). Y los ama más que a otra nación». En ese momento El Santo, Bendito Sea, dijo a Josué: «¡Josué! Tu maestro Moisés te ha dejado en su lugar, toma la vara y golpea sobre la cerviz –del que se rehúse escucharte–, como está dicho: «No impidas instrucción al joven» (Proverbios 23:13). Porque Israel es joven y lo ama. Josué dijo: «Moisés, mi maestro, ¿qué será de mí? Tal vez les dé heredad en el monte, y ellos digan: «danos en el valle». Nuestro maestro Moisés, que la paz esté con él, le dijo: «No temas, porque El Santo, Bendito Sea, me aseguró que dará paz en la repartición de la Tierra». Moisés le dijo: toda duda que tengas pregúntame, porque yo seré tomado de ti y no me verás más. Le dijo: «¡Maestro! ¿Cuándo te he dejado, tanto de día, o de noche, para que tenga una duda?». Y por no haberle preguntado, después se le olvidaron 3000 leyes y deducciones -denominadas- *kal vajomer*. Y en la casa de estudio de Iabetz se esclarecieron todas las dudas.

א״ל אע״פ שאין לך ספקות לשאול בא ואנשקך, הלך אליו ונשקו ובכה על צוארו וברכו שנית היותך בשלום עם ישראל, כי עמדי לא מצאו קורות רוח מעולם מפני ההזהרות ותוכחות שהייתי מוכיחם.

Y le dijo: «Aunque no tienes dudas para preguntarme, ven que te besaré». Fue y lo besó, y lloró sobre su cuello, y lo bendijo por segunda vez: «para que estés en paz –con Israel–, e Israel conmigo, porque conmigo no hallaron sosiego jamás, por las advertencias y los reproches con que les reprochaba».

התחיל משה לברך כל שבט ושבט בפני עצמו, כיון שראה
שקצרה שעתו כללם כולם בברכה אחת וא״ל הרבה צערתי אתכם
בתורה ומצות, מחלו לי. א״ל רבינו אדונינו מחול לך, גם אנ־
חנו הרבה הכעסנוך והרבינו עליך טורח מחול לנו, א״ל מחול
הוא לכם. באו ואמרו לו הגיע השעה שאתה נפטר מהעולם,
אמר ברוך שם חי וקיים לעולם! אמר משה לישראל בבקשה
מכם כשתכנסו לא״י זכרו אותי ואת עצמותי ואמרו אוי לו
לבן עמרם שרץ לפנינו כסוס ונפלו עצמותיו במדבר.

Moisés comenzó a bendecir a cada tribu y tribu por
separado. Pero debido a que vio que su tiempo era estre-
cho, los incluyó a todos en una sola bendición, y les
dijo: «Os he afligido mucho con la Torá y los preceptos.
¡Perdonadme!». Le dijeron: nuestro maestro, nuestro
señor, estás perdonado. También nosotros te hemos hecho irritar mucho, y hemos puesto sobre ti molestias.
¡Perdónanos!» Les dijo: «Os perdono». Vinieron y le
dijeron: «Ha llegado el momento en que partirás del
mundo. Bendito El Eterno que vive y existe para siempre». Moisés dijo a Israel: «Os pido por favor que cuando entréis a la Tierra de Israel me recordéis, y a mis
huesos, y decid: «¡Ay del hijo de Amram, que corrió
delante de nosotros como un caballo, y sus huesos cayeron en el desierto!».

אמרו לו ישראל רבינו אם אתה פורש ממנו מה יהא עלינו,
אמר להם כשהייתי עמכם היה הקב"ה עמכם, שמא תאמרו
כל הנסים והנפלאות שנעשו על ידי בשבילי היו? לא נעשו
אלא בשבילכם ובעבור רחמיו וחסדיו, ואם יהיה בטחונכם
עליו ודאי יעשה חפצכם. פתחו ישראל ואמרו ה' הוא
האלהים ה' הוא האלהים, אלהים לנו מחסה ועוז. יצתה ב"ק
ואמרה משה למה תצער עצמך אין לך חיים אלא חצי שעה,
כיון שראה מדת העולם (הרחמים) ותשועות גדולות ונחמות
שעתיד הקב"ה לעשות לישראל א"ל אשריך ישראל מי כמוך
עם נושע בה', ועמד וברכם בשלום, ונתן קולו ובכה ואמר
לישראל בשלום אראה אתכם לתחיית המתים, ויצא מלפ־
ניהם בבכיה גדולה, וגם ישראל בכו וזעקו זעקה גדולה ומרה,
ועמד משה וקרע את חלוקו ונטל מעילו וכסה את ראשו
באבל, ונכנס לתוך אהל והיה בוכה ואומר אוי לרגלי שלא
דרכו בא"י, אוי לידי שלא קטפו מזמרותיה, אוי לגרוני שלא
אכל מפירות ארץ זבת חלב ודבש.

Los hijos de Israel le dijeron: «Nuestro maestro, si tú
te apartas de nosotros, ¿qué será de nosotros?». Les dijo:
«Cuando estuve con vosotros, El Santo, Bendito Sea,
estaba con vosotros. Tal vez diréis que todos los milagros
y maravillas que fueron hechos a través mío, fue por mí;
no fueron hechos sino por vosotros, y por Su misericordia y por Su bondad; y si vuestra confianza estuviere
puesta en Él, ciertamente hará vuestro deseo. Los hijos
de Israel abrieron –sus bocas– y dijeron: «¡El Eterno es
Dios, El Eterno es Dios; ¡Dios es nuestro refugio y for-
taleza!». Salió el eco de una voz –celestial–, y dijo:

«¡Moisés!, ¿por qué te afliges a ti mismo? No tienes vida en este mundo sino solamente media hora. Debido a que vio a la medida del mundo –de misericordia–, y las grandes salvaciones y consuelos que El Santo, Bendito Sea, haría a Israel, les dijo: «Bienaventurado eres, Israel, ¿quién como tú, pueblo salvado por El Eterno» (Deuteronomio 33:29). Y se puso de pie y los bendijo con paz, y alzó su voz, y lloró, y dijo a Israel: «Con paz os veré en la resurrección de los muertos». Y salió de ante ellos con gran llanto. Y también los hijos de Israel lloraron y clamaron con un grande y amargo clamor. Moisés se puso de pie y rasgó su túnica, y tomó su capa y cubrió su cabeza como un enlutado. Y entró en el interior de su tienda, y lloraba, y dijo: «¡Ay de mis pies que no pisaron la tierra de Israel! ¡Ay de mis manos que no cortaron de sus frutos! ¡Ay de mi garganta, que no probó de las frutas de la tierra que fluye leche y miel!».

יצתה ב״ק ואמרה למשה אין לך חיים אלא רגע אחד ומחצה,
מה עשה משה נטל את המגילה בידו וכתב עליה שם המפו־
רש וספר הישר, והלך משה לאהלו של יהושע למסור לו המ־
גילה, והיה יהושע יושב ודורש, משה מעומד ויהושע מיושב
וכפף קומתו והניח ידו על ראשו ונתעלמו עיניו של יהושע
ולא היה רואהו כדי שימאס נפשו. הלכו ישראל אצל משה
לאהלו ואמרו היכן מרע״ה, אמרו להם בפתחו של יהושע,
הלכו ומצאוהו שהיה עומד ויהושע יושב, אמרו ליהושע מה
עלה על לבך שמשה עומד ואתה יושב, כיון שראהו יהושע
מעומד צעק ואמר רבי רבי אבי אבי למה אתה מעניש אותי,
אמרו לו ישראל: רבינו למדנו תורה, א״ל אין לי רשות, א״ל
אין אנו מניחים אותך.

Salió el eco de una voz –celestial– y dijo: «¡Moisés!
No tienes vida para ti, sino solamente un minuto y medio». ¿Qué hizo Moisés? Tomó el vestido en su mano y
escribió sobre él el Nombre inefable y el Libro Recto –
Sefer Haiashar–. Moisés fue a la tienda de Josué para
entregarle el pergamino, y Josué estaba sentado y disertaba. Moisés estaba de pie y Josué sentado; e inclinó su
cuerpo y puso su mano sobre su cabeza, y los ojos de
Josué se desviaron, y no lo veía, para que se extenuara su
alma. Los –del pueblo– de Israel fueron junto a Moisés,
a su tienda, y dijeron: «¿dónde está nuestro maestro
Moisés?». Le dijeron: «en la entrada de la tienda de Josué». Fueron y lo hallaron de pie, y a Josué sentado.
Dijeron a Josué: «¿Qué ha ascendido a tu corazón, porque Moisés está de pie y tú sentado?». Ya que Josué lo

vio de pie, gritó y dijo: «¡Maestro! ¡Maestro! ¡Mi padre! ¡Mi padre! ¿Por qué me castigas?». Los –del pueblo– de Israel le dijeron: «Nuestro maestro, ¡enséñanos, Torá!». Les dijo: «No tengo permiso». Le dijeron: «No te dejaremos».

יצאה ב״ק ואמרה למדו מיהושע שקבל תורה ממשה, והיה יהושע יושב בראש. אמר ר׳ שמואל בר נחמני א״ר יונתן בשעה שאמר יהושע ברוך שבחר בצדיקים נטלו אוצרות החכמה ונתנו ליהושע, ולא היה יודע משה מה היה יהושע אומר, לאחר שעמד יהושע אמרו לו ישראל סיים לנו את התורה, א״ל איני יודע מה אשיב לכם, והיה משה כותב בדמע ויהושע ממלא אחריו. באותה שעה אמר משה רבש״ע עד עכשיו בקשתי חיים ועכשיו הרי נפשי נתונה בידך.

Salió el eco de una voz –celestial–, y dijo: «¡Estudiad de Josué! ¡Recibid de Josué! ¡Josué se sienta a la cabeza!». Dijo rabí Shmúel bar Najmani, dijo rabí Jonathan: en el momento en que Josué dijo: «Bendito El que eligió a los justos», fueron tomados los depósitos de la sabiduría, y fueron dados a Josué, y Moisés no sabía lo que Josué decía. Después de que Josué se puso de pie, los –del pueblo– de Israel dijeron: «Termina para nosotros la Torá». Les dijo: «No sé qué responderos». Y Moisés tropezó y cayó. En ese momento Moisés dijo: «Amo del universo, hasta ahora he pedido vida, y ahora, he aquí que mi alma está en Tu mano».

כיון שהשלים נפשו למות, אמר הקב״ה למיכאל וגבריאל צאו
והביאו לי נשמתו של משה, אמר גבריאל מי ששקול כנגד
ששים רבוא היאך אני יכול ליטול נשמתו ולהיות חצוף לפניו.

Debido a que su alma completó –su tiempo– para
morir, El Santo, Bendito Sea, dijo a –el ángel– Gabriel:
«Sal y tráeme el alma de Moisés». Dijo –el ángel– Gabriel: «Aquel que es equivalente a 600.000, ¿cómo puedo yo tomar su alma y ser insolente yendo ante él?».

אח״כ אמר למיכאל כך ובכה מיכאל ואמר לו לזנגזיאל כך,
אמר לפניו רבש״ע אני הייתי רבו והוא תלמידי איך אטול
נשמתו, אח״כ אמר לס״ם ליטול נשמתו, מיד יצא בשמחה
גדולה מלפני הקב״ה, ולבש חרבו וחגר אכזריות והלך לפני
משה בחימה גדולה, כיון שנסתכל בו והוא היה כותב שם
המפורש וזקוקין של אש יוצאת מפיו וזוהר פניו ומאמרו
מבהיקים כשמש ודומה למלאך ה׳ צבאות, היה ס״ם מתיירא
ומזדעזע ממנו, וכשהרים משה עיניו וראה ס״ם ומשה ידע
שבא אליו, מיד חשכו עיניו של ס״ם מזיו של משה ונפל על
פניו ואחזהו חיל כיולדה ולא יכול לדבר בפיו עד שפתח משה
פיו תחלה לאמר: ס״ם ס״ם, אין שלום אמר ה׳ לרשעים, למה
אתה עומד לנגדי, א״ל הגיע זמנך ליפטר מן העולם תן לי נש־
מתך, א״ל מי שלחך אלי?

Después le dijo así a –el ángel–Mijael. Y Mijael lloró.
Y le dijo así a –el ángel– Zangziel. –El ángel– dijo ante
Él: «Amo del universo: yo fui su maestro, y él mi discí-
pulo, ¿cómo he de tomar su alma?». Y después le dijo a

77

Samej Mem. Inmediatamente *Samej Mem* salió con gran alegría de ante El Santo, Bendito Sea, y vistió su espada, y se ciñó de crueldad, y fue ante Moisés con gran furor. Y cuando observó en él, él estaba escribiendo el Nombre inefable, y centellas de fuego salían de su boca, y resplandor de su rostro, y su palabra destellaba como el Sol, y se asemejaba a un ángel de El Eterno de las legiones, *Samej Mem* temió y se estremeció de él. Y cuando Moisés alzó sus ojos, y vio a *Samej Mem*, y Moisés sabía que venía a por él, inmediatamente los ojos de *Samej Mem* se oscurecieron por el resplandor de Moisés. Y le dio dolor como de mujer que da a luz, y no podía hablar con su boca, hasta que Moisés abrió su boca primero, y dijo: «¡*Samej Mem*! ¡*Samej Mem*! «No hay paz, dijo El Eterno a los malvados». ¿Por qué estás de pie frente a mí?». Le dijo: «Ha llegado tu momento de irte del mundo, ¡entrégame tu alma!». Le dijo: «¿Quién te ha enviado a mí?».

א״ל מי שברא העולם והנשמות ובידי נמסרו כל הנשמות
משנברא העולם, א״ל משה יש בי כח יותר מכל באי עולם
שיצאתי מהול ממעי אמי וביום שנולדתי דברתי לאבי ולאמי,
אפילו משדי אמי לא ינקתי אלא בשכר, ובשלש שנים נתנ־
באתי שהייתי עתיד לקבל את התורה, ונטלתי כתר פרעה
מעל ראשו, ובן שמונים שנה עשיתי אותות ומופתים והוצא־
תי ששים רבוא ממצרים, וקרעתי להם בים י״ב שבילין, והפ־
כתי מי מרה למתוק, ופסלתי לוחות אבנים ועליתי לרקיע,
והייתי תופס במלחמה וקבלתי חיציהם בענן, ודברתי פנים
בפנים עם אדון העולם, ונצחתי פמליא של מעלה וקבלתי
התורה וכתבתי מפי הקב״ה תרי״ג מצות ולימדתים את בני
ישראל, ועשיתי מלחמה עם ב׳ מלכים ילידי הענק (סיחון
ועוג) שבשעת המבול לא הגיע המים לקרסוליהם, והעמדתי
חמה ולבנה ברום עולם, וכי יש בעולם גבור כמוני? רשע
ברח מלפני!

Le dijo: «Quién creó el mundo y las almas. Y todas
las almas fueron entregadas en mi mano desde que fue
creado el mundo, y las almas están en mi mano». Moisés le dijo: «Tengo más poder que todos los que vinieron
al mundo, porque he salido circuncidado del vientre
de mi madre, y en el día que nací hablé a mi padre y a
mi madre. E incluso de los pechos de mi madre no
he mamado sino por pago, y a los 3 años profeticé y
estuve dispuesto para recibir la Torá en el futuro, y tomé
la corona del faraón de sobre su cabeza, y siendo de
80 años hice señales y maravillas, y saqué 600.000 –
hombres– de Egipto, y partí para ellos el mar en 12 ca-

nales, e invertí las aguas de Mara en dulces, y grabé las tablas de piedra, y ascendí al Cielo y libré la guerra, y recibí las flechas de ellos en la nube, y hablé cara a cara con el Amo del universo, y he vencido a la Corte de lo Alto, y recibí la Torá, y escribí de boca de El Santo, Bendito Sea, 613 preceptos, y los enseñé a los hijos de Israel. Hice la guerra con dos reyes nacidos de Anak, que en el tiempo del Diluvio el agua no llegó a sus tobillos. Y detuve el Sol, y la Luna, en lo alto del mundo, ¿y acaso hay en el mundo poderoso como yo? ¡Malvado! ¡Huye de ante mí!».

כיון שראה ס״ם נשמתו של משה תמה וברה ברח, יצתה ב״ק ואמרה אל תצער עצמך אין לך חיים בעולם אלא רגע, חזר ס״ם לפני הקב״ה, א״ל הקב״ה היכן היא נשמתו של משה, מה הבאת? א״ל ס״ם רבש״ע אם אתה אומר לי להפוך גיהנם ממדרגה עליונה לתחתונה יכול אני להפוך, ובן עמרם איני יכול לו, ואפילו לעמוד לפניו איני יכול שאור פניו דומה לשר־ פי מרכבה וזקוקין של אש יוצאין מפיו, ולא עוד אלא שזיו פניו דומה לשכינה, בבקשה ממך אל תשלחני אליו שאיני יכול לעמוד בפניו. א״ל הקב״ה רשע מאש של גיהנם נבראת ולאש של גיהנם אתה חוזר, בתחלה יצאת מלפני בשמחה גדולה וכשראית גדולתו חזרת בבושתך, לך והביא נשמתו.

Debido a que *Samej Mem* vio el alma de Moisés íntegra y pura, huyó. Salió el eco de una voz –celestial–, y dijo: «No te aflijas a ti mismo, porque no tienes más vida en este mundo, sino medio minuto solamente».

Samej Mem volvió ante El Santo, Bendito Sea, y le dijo: «¿Dónde está lo que has traído?». Le dijo: «No puedo». Le dijo: «Sal y trae su alma». El Santo, Bendito Sea, se enojó con él, y *Samej Mem* le dijo: «Amo del universo: si Tú me dices invertir el *Guehinom*,[1] desde el nivel superior al inferior, yo puedo invertirlo, y con el hijo de Amram, no puedo con él. E incluso –no puedo– estar de pie ante él, porque la luz de su rostro se asemeja a la luz de los serafines de la Carroza –suprema–, y centellas de fuego salen de su boca. Y no solamente eso, sino que el resplandor de su rostro se asemeja a la Presencia Divina. Por favor, te pido, no me envíes a él, porque no puedo estar de pie ante él». El Santo, Bendito Sea, le dijo: «¡Malvado! Has sido creado del fuego del *Gueinom*, y al fuego del *Gueinom* volverás. Al comienzo saliste de ante Mí con gran alegría, y cuando viste su grandeza volviste avergonzado. ¡Ve y trae su alma!».

מה עשה ס"ם באותה שעה שלף חרבו מתערה ובא לפני משה ע"ה בחמה וקצף, נטל משה מטה האלהים בידו שהיה חקוק בו שם המפורש ופגע בס"ם וגער בו בגערה עד שרץ וברח מלפניו, ורץ משה אחריו בשם המפורש ותפס אותו והכהו במטה ועור עיניו מקרני הודו.

¿Que hizo *Samej Mem*? En ese momento desenvainó su espada de su vaina, y vino ante Moisés. Inmediata-

---

1. El infierno.

mente Moisés se puso de pie ante él, con furia y enojo, y tomó el cayado de Dios en su mano, en el cual estaba grabado el Nombre inefable, y golpeó a *Samej Mem*. Y lo amonestó con una amonestación, hasta que corrió y huyó de ante él. Y Moisés corrió tras él con el Nombre inefable, y lo prendió, y lo golpeó con el callado, y la piel de su rostro con los rayos de su resplandor.

עדיין עלתה לו חצי רגע יצתה ב״ק ואמרה לו משה למה תצער עצמך הגיע סוף השעה, עמד משה בתפלה ואמר רבש״ע זכור שנגלית אלי בסנה, זכור שהעלית אותי לרקיע ולא אכלתי ולא שתיתי ארבעים יום וארבעים לילה, רחום וחנון אל תמסרני ביד ס״ם, אמר הקב״ה קבלתי תפלתך, אני בעצמי אטפל ואקבור אותך, מיד קדש עצמו כשרפי ההוד ונגלה הקב״ה משמי מרום העליונים לקבל נשמתו של מרע״ה.

Aún le era propicio medio minuto. Salió el eco de una voz –celestial–, y le dijo: «¡Moisés! ¿Por qué te afliges a ti mismo? Ha llegado el final de la hora». Moisés se puso de pie en plegaria y dijo: «Amo del universo: Recuerda que te revelaste sobre mí en la zarza; recuerda que me has hecho ascender al Cielo, y no comí ni bebí durante 40 días y 40 noches. Clemente y Misericordioso, no me entregues en manos de *Samej Mem*». El Santo, Bendito Sea, le dijo: «He recibido tu plegaria. Yo mismo me ocuparé y te enterraré». Inmediatamente se santificó a sí mismo como serafín de majestuosidad, y

El Santo, Bendito Sea, se reveló de los Cielos de los Cielos supremos, para recibir el alma de Moisés.

כיון שראה משה להקב״ה נפל על פניו ואמר רבש״ע במדת
חסד ובמדת רחמים בראת עולמך ובמדת רחמים אתה תנהג
עמי, א״ל הקב״ה אני אלך לפניך ושלשה מלאכים באו עם
הקב״ה והם מיכאל וזגזיאל וגבריאל, גבריאל הציע מטתו של
משה, מיכאל פירס מילת מראשותיו וזגזיאל הניח כלי מילת
במרגלותיו.

Cuando Moisés vio a El Santo, Bendito Sea, cayó
sobre su rostro y dijo: «Amo del universo: Has creado tu
mundo con el atributo de la bondad y con el atributo de
la misericordia, y con el atributo de la misericordia Tú
conduces tu mundo, ¡condúcete conmigo con el atributo de la misericordia!». El Santo, Bendito Sea, le dijo:
«Yo iré ante ti». Y tres ángeles vinieron con El Santo,
Bendito Sea, ellos son: Mijael, Zangziel, y Gabriel. Gabriel preparó el lecho de Moisés, Mijael extendió la tela
púrpura, y Zangziel, colocó la tela a su cabecera. Y Zangziel estaba a sus pies.

מיכאל מימינו וגבריאל משמאלו, אמר לו הקב״ה למשה
תקף שתי ידיך והניחן על החזה, העצם שתי עיניך ועשה כן,
מיד קרא הקב״ה לנשמתו, א״ל בתי מאה ועשרים שנה קצב־
תי שנותיך להיות בגוף הצדיק, צאי ואל תאחרי בתי.

Mijael a su derecha, y Gabriel a su izquierda. El Santo, Bendito Sea, le dijo: «Gira tus dos manos, y colócalas sobre el pecho, y cierra tus dos ojos». E hizo así. Inmediatamente El Santo, Bendito Sea, llamó a su alma, y le dijo: «Hija mía: he establecido sobre ti 120 años, para que sean los años en los que estarás en el cuerpo de este justo, y no te retrases, hija mía».

השיבה הנפש אתה הוא היודע ואלהי הרוחות ובידך נפש כל חי, בראתני ונתתני להיות בגופו של צדיק זה, וכי יש גוף נקי וטהור וקדוש בעולם כמו זה שמעולם לא נראה זבובים עליו, ולא היה צר עין מעולם, טוב לי לשבת כאן, אמר לה הקב״ה אל תאחרי בתי, הגיע קצך ואושיבך עמי בכסא כבודי אצל שרפים ואופנים ומלאכים וכרובים.

El alma respondió: «Tú eres Quién sabe, y El Dios de los espíritus, y en tu mano está el alma de todo ser viviente. Me has creado, y me has dispuesto para que esté en el cuerpo de este justo, ¿y acaso hay cuerpo limpio y puro y santo en el mundo como éste, que jamás fueron vistas moscas sobre él, y no fue avaro jamás? Es mejor para mí residir aquí con él. El Santo, Bendito Sea, le dijo: «No te retrases hija mía. Ha llegado tu final y te regresaré conmigo a mi Trono de gloria, junto al trono de los serafines, y los *ofanim*, y los ángeles, y los querubines».

אמרה לפניו רבש״ע טוב לשבת בזה הצדיק כי המלאכים עזא
ועזאל ירדו מן השמים והשחיתו דרכם ומשה זה שהיה בשר
ודם מיום שנגלית אליו בסנה פירש מאשתו, הניחני. כיון
שראה הקב״ה כך נטל נשמתו בנשיקת פה, שנאמר וימת שם
משה עבד ה׳ על פי ה׳.

Dijo ante Él: «Amo del universo: es mejor para mí
residir con este justo, porque los ángeles Aza y Azael
descendieron de los Cielos y corrompieron sus caminos.
Y este Moisés, que era de carne y sangre, desde el día
que te le revelaste en la zarza, se apartó de su mujer.
¡Déjame en mi lugar!». Debido a que El Santo, Bendito
Sea, vio eso, tomó su alma con un beso de la boca, como está dicho: «Y murió allí Moisés, siervo de El Eterno, en la tierra de Moab, por la boca de El Eterno»
(Deuteronomio 34:5).

ובכה עליו הקב״ה, והתחיל לקונן עליו שנאמר מי יקום לי עם
מרעים מי יתיצב לי עם פועלי און, ומלאכי השרת בוכים
ואומרים והחכמה מאין תמצא, והשמים אמרו אבד חסיד מן
הארץ, והארץ אומרת וישר באדם אין, וכוכבים ומזלות וחמה
ולבנה ורוח הקדש אומרים ולא קם נביא עוד בישראל
כמשה.

Y El Santo, Bendito Sea, lo lloró, y comenzó a pronunciar lamentaciones por él, como está dicho: «¿Quién
se levantará por mí contra los perversos? ¿Quién se pon-
drá de pie por mí contra los que hacen maldad?» (Sal-

mos 94:6). Y los Ángeles servidores de los Cielos lloraban y decían: «Y la sabiduría, ¿dónde se hallará?» (Job 28:12). Y los Cielos dijeron: «Se perdió un justo de la Tierra» (Miqueas 7:2). Y la Tierra dijo: «Y no hay recto en los hombres» (Ibid.). Y las estrellas, y las constelaciones, y el Sol, y la Luna, y el viento, dijeron: «Y no se levantará más en Israel un profeta como Moisés, que conoció al Eterno cara a cara» (Deuteronomio 34:10).

בקש יהושע את משה ולא מצאו, בא מטטרון לפני הקב״ה ואמר רבש״ע משה בחייו שלך ובמותו שלך, אמר הקב״ה למטטרון אני לא על משה בלבד אני מתנחם אלא עליו ועל כל ישראל, שהרבה פעמים הכעיסוני והתפלל עליהם ומרצה אותי, שנאמר צדקת ה' עשה ומשפטיו עם ישראל, ואמר לפני כי ה' הוא האלהים בשמים ממעל ועל הארץ מתחת.

Josué buscó a Moisés y no lo halló. Vino –el ángel– Metatrón ante El Santo, Bendito Sea, y dijo: «Amo del universo: ¿Moisés en vida era tuyo, y en su muerte es tuyo?». El Santo, Bendito Sea, dijo a Metatrón: «Yo no me conduelo por Moisés solamente, sino por él y por Israel. Porque muchas veces me hicieron enojar, y oró por ellos y me aplacó, como está dicho: «Hizo la justicia de El Eterno, y Sus ordenanzas con Israel» (Deuteronomio 33:21). Y dijo ante Mí: «El Eterno, Él es el Dios, arriba en los Cielos y abajo en la Tierra, y no hay ningún otro» (Deuteronomio 4:21).

גם אני מעיד עליו ולא קם נביא עוד כמשה אשר ידעו ה'
פנים אל פנים וגו' לכל האותות והמופתים והיד החזקה אשר
עשה משה לעיני כל ישראל.

También Yo testifico sobre él que no se levantará más
en Israel un profeta como Moisés, que conoció al Eterno cara a cara, por todas las señales y maravillas, y la
mano fuerte, que Moisés hizo en los ojos de todo Israel.

תם ונשלם פטירת רבינו אדונינו משה ע״ה.

Íntegro y completo el Midrash sobre la muerte de
nuestro maestro y señor Moisés, queen paz descanse.